La cábala

Anne Gugenheim-Wolff

LA CÁBALA

dve
PUBLISHING

A pesar de haber puesto el máximo cuidado en la redacción de esta obra, el autor o el editor no pueden en modo alguno responsabilizarse por las informaciones (fórmulas, recetas, técnicas, etc.) vertidas en el texto. Se aconseja, en el caso de problemas específicos —a menudo únicos— de cada lector en particular, que se consulte con una persona cualificada para obtener las informaciones más completas, más exactas y lo más actualizadas posible.

EDITORIAL DE VECCHI, S. A. U.

© Editorial De Vecchi, S. A. 2018

© [2018] Confidential Concepts International Ltd., Ireland

Subsidiary company of Confidential Concepts Inc, USA

ISBN: 978-1-68325-872-8

En memoria de Marie
y Étienne Boissery

Índice

TERCERA PARTE
RECEPCIÓN DE LA CÁBALA

Prólogo

Desde el alba de los tiempos, la fe se ha convertido en algo tan natural e íntimo como respirar, beber o comer. La fe posee mil rostros que responden a mil usos, desde el más ínfimo al más extremo.

En todos los continentes y en todas las épocas, la creencia ha alimentado los movimientos colectivos, ha guiado las relaciones interpersonales y ha colocado las bases de un futuro mejor y más seguro. La fe ha unido a los hombres y ha hecho progresar su capacidad humana.

Ha iluminado sobre todo esa búsqueda mística que todo ser lleva consigo, esa sed insaciable de una dimensión perdida, esa espera lancinante de una vuelta a lo esencial, esa necesidad fundamental de respuestas más que materiales para asumir de la mejor forma los rigores de la existencia.

Era inevitable que la fe encontrara su expresión ideal en una espiritualidad plena, que ofreciera tantos matices como etnias, países y lenguas existen, en una sorprendente paleta de una riqueza inconmensurable, mezclando rituales y secretos, dogmas y prohibiciones, plegarias salmodiadas y silencios meditativos. Sin embargo, en todas ellas puede apreciarse el fervor que devuelve al hombre a su dimensión sagrada.

Este libro es un viaje en este universo de la fe. Podría entenderse como un reportaje de múltiples facetas, en el que las fronteras y barreras religiosas y culturales se borran, y adentra al lector en un espacio intemporal en el que, a pesar de los imperativos materiales, económicos y políticos, en todas las épocas el hombre ha sabido conectarse de nuevo a lo esencial mediante la fuerza de su fe.

Por todo ello, esta obra debe considerarse una aventura, una búsqueda de la luz, la recreación de una época y una cierta aproximación a la espiritualidad y a sus raíces en un contexto cultural más definido. De este modo, el lector podrá acercarse a tradiciones ajenas a él y reconocerse en ellas.

Sea cual fuere la época a la que uno se refiere, sean cuales fueren los hechos sobre los que se centra nuestra mirada, tanto si se trata de un fragmento de historia como de una corriente de pensamiento o de un simple hecho, nada está aislado.

Intentar comprender es quizá sustituir lo que nos interesa en un mosaico de circunstancias y acontecimientos, en un contexto general que, aunque no explique todo, por lo menos delimita con una auténtica agudeza lo que deseamos iluminar.

No puede percibirse la importancia de una creencia, una religión, una filosofía o una doctrina si no se observan en la vida de un pueblo, sin tener en cuenta sus aspectos más cotidianos. Sólo de este modo la realidad cobrará su verdadera significación.

Por ello, intentaremos permanecer lo más cerca posible de las costumbres de la época presentada en cada obra, respetando simplemente un marco histórico fuera del cual cualquier presentación coherente sería ilusoria.

Introducción

Hacía ya mucho tiempo que viajaba cuando deseé descansar un poco. Nos encontrábamos todavía en épocas oscuras y lejanas. Las naciones de todos los estados forjaban poco a poco su porvenir, más con la fuerza que con la razón.

Había abandonado a mi maestro desde hacía algunos años y me alimentaba ávidamente con todo lo que encontraba. Había aprendido mucho de su gran sabiduría, pero cuanto descubría cada día me maravillaba. Mucho más allá de las palabras y de las grandes ideas filosóficas, de la sabiduría conservada de los Antiguos, la vida era realmente un libro abierto en cuyas páginas se complacía mi alma. Es lo que había pensado mi maestro al decirme que ya estaba preparado y que necesitaba recorrer el mundo. Como siempre, se había dado cuenta de que el momento oportuno había llegado.

Actualmente, ha pasado ya mucho tiempo. Mis viajes me han llevado a todas partes, a lugares en los que los hombres han intentado por todos los medios hacer de su mundo un remanso de paz y prosperidad. Muchas veces he atravesado el tiempo como si fuera un océano; he escalado montañas; he presenciado el furor de los elementos. He descubierto pueblos y civilizaciones, fervores y renuncias, pero siempre me ha guiado una única y misma idea, como una frase de mi maestro que se repetía en mi memoria: «Tanto si es un vencedor como un perdedor, un buscador o un errante, un devastador o un penitente, sabio o renegado, el hombre es un ser de luz, puesto que lleva en sí mismo la marca de los dioses. Es por esta razón que no deja de creer y de esperar. Vayas donde vayas, hagas lo que hagas, escúchalo, míralo, préstale tu calor y tu consejo, con ello crecerás».

Ahora yo debo ser vuestro guía. Seguidme, confiad en mí. Escuchad y mirad. El tiempo se diluye, sólo cuenta lo esencial.

Primera parte

Definición

El significado del término

La cábala es un conjunto de doctrinas filosóficorreligiosas aparecidas en el siglo IV en el seno de las comunidades judías, destinadas a obtener la iluminación mediante la interpretación de los libros del Antiguo Testamento.

La palabra procede del hebreo *quabala*[1], cuyo significado literal es «recepción», recepción de la revelación que Moisés tuvo en el Sinaí y que se transmitió oralmente, de generación en generación, según la voluntad de Dios.

La Torá recibida estaba grabada en tablas de piedra. Así pues, en hebreo, la palabra piedra, *even*, está formada por las palabras *av*, el padre,

1. Algunos términos utilizados en esta obra se han tomado prestados de lenguas muertas cuya transliteración no siempre es exacta. En las citas se respeta la ortografía adoptada por cada autor.

y *ben*[2], el hijo. Por ello, la Torá —que tras ser recibida por el padre tiene que ser transmitida al hijo— se inscribe de forma simbólica en el lazo de unión genealógica que se establece entre el padre y el hijo.

«Moisés ha recibido la Torá (la enseñanza, la ley) en el monte Sinaí; la ha transmitido a Josué; este la ha entregado a los Ancianos que la han comunicado a los profetas y estos últimos la han transmitido a los miembros de la Gran Sinagoga» (Talmud, *Mishna* 1, *Pirke Avot*, capítulo 1).

Estas pocas palabras nos introducen en el corazón de la vida y del pensamiento judío. Sólo podemos comprenderlos si admitimos que la Torá —la ley recibida de Dios— es la fuente única. Así pues, la Torá tiene que dominar la vida del judío: «Gira allí, gira de nuevo allí, todo está contenido en ella. A través de ella conocerás la verdad. Envejece con su estudio y no te alejes nunca de ella puesto que no existe mejor medida que la suya» (Talmud, *Mishna* 21, *Pirke Avot*, capítulo 5).

De la misma forma que la Torá ha guiado a los judíos en una travesía por una historia des-

2. El alfabeto hebraico no distingue entre be y uve para transcribir el sonido /b/.

piadada, de la misma forma nosotros la tomaremos como guía para intentar comprender qué es la cábala. También seguiremos a aquellos que, durante siglos y después de las grandes fracturas históricas, «han propuesto nuevas interpretaciones a valores antiguos y a venerables textos» (M.-A. Ouaknin, *Concierto para cuatro consonantes sin vocales*).

Examinaremos primero qué es la Torá. Veremos cómo tras la diáspora (año 135 d. de C.) gracias a ella pervivieron la religión, las costumbres y la identidad judías. Abordaremos entonces lo que normalmente recibe el nombre de cábala, es decir, el movimiento místico judío que alcanzó su pleno apogeo en el siglo XVI, después del edicto de expulsión de los Reyes Católicos, y dio pie a un movimiento místico propio de algunas elites que ha marcado y marca todavía el pensamiento hebraico.

Esperamos que nuestro camino no se aparte del suyo.

La Torá y la creación de Israel

El monoteísmo existía ya en la Antigüedad. Uno de los ejemplos más conocidos es el del faraón Amenofis IV (1372-1354 a. de C.), quien instituyó el culto de un dios único, Atón, el Sol, el origen de cualquier vida. Su revolución monoteísta fracasó.

Los israelitas, pueblo de pastores que vivían en tribus, adoptaron poco a poco esta concepción de dios único alrededor del cual se federaron. Y si hicieron falta Diez Palabras para crear el mundo, fueron necesarias dos veces diez generaciones para constituir el pueblo de Israel —según la tradición, diez generaciones separan a Adán de Noé, la creación de la humanidad de la primera alianza, y otras diez separan a Noé de Abraham, quien aceptó en su carne y en la de sus descendientes la huella de Dios.

Dios no se ha impuesto con la fuerza sino con la paciencia, a través del texto que dio a Moisés y sobre el cual los judíos no han dejado de meditar. No se ha presentado como el Dios de Israel sino como el Dios creador del mundo y de los hombres. Sólo se ha convertido en el Dios de Israel porque sólo los hebreos lo han reconocido, han aceptado y mantenido su alianza en todo momento.

El Génesis

El Génesis nos enseña que en el sexto día de la creación del mundo Dios creó al hombre —la especie humana— y le dio por nombre Adán. Lo formó con la arcilla del suelo (Génesis, 2, 7), «a su imagen, a imagen de Dios lo creó, hombre y mujer él los creó» (Génesis, 1, 27) y se retiró, dejando al hombre la tarea de terminar su obra.

Pero rápidamente pudo constatar la degradación de la especie humana, primero con la desobediencia de Adán, después con la muerte de Abel en manos de su hermano Caín y finalmente con la aparición de Enós (Génesis, 4, 26) cuyo nombre significa «estado de trastorno de la humanidad».

Concluyó una primera alianza con Noé, «el que apacigua», quién redimió la falta de Adán —sobre la que se nos cuenta: «este nos aportará en nuestro trabajo y en la labor de nuestras manos una consolación obtenida del suelo que YHVH[3] ha maldecido» (Génesis, 5, 29)—, sus hijos «y todo lo que salió del arca» (Génesis, 9, 8-11), es decir, con todo lo que había creado y que había ordenado «de ser fecundos, de llenar la tierra y de someterla» (Génesis, 1, 28). Esta alianza implicaba a toda la humanidad, que de

3. Las citas bíblicas provienen de la traducción de la Biblia realizada por la escuela bíblica de Jerusalén, llamada comúnmente *Biblia de Jerusalén*. Sin embargo, hemos aportado una modificación importante, referente a uno de los nombres de Dios. En la Biblia hebraica, Dios se designa mediante varios nombres: El, Elohim, El Shaddaï, Adonaï, Eyeh, YHVH, etc. Este último es el nombre bajo el cual Dios se revela cuando da los Diez Mandamientos: «Yo soy YHVH, tu Dios, el que te ha hecho salir de Egipto». Compuesto por cuatro consonantes —iod, hé, vav, hé—, este nombre sólo podía pronunciarse una vez al año y sólo podía hacerlo el gran sacerdote. La pronunciación se perdió con la caída del Templo; los judíos hablaban del Tetragrammaton, del Nombre y no lo pronunciaban. Las Biblias no judías lo han traducido por un nombre que se pudiera pronunciar, «Yavé», lo cual supone un contrasentido. Hemos preferido seguir la tradición judía que deja el nombre sin vocales.

esta forma se convertía en responsable del destino del mundo: «Coloco mi arco en la nube y se convertirá en un signo de la alianza entre yo y la tierra» (Génesis, 9, 13).

Más tarde, sólo con el clan de Abram —descendiente de Noé, de aquel que «había encontrado gracias a los ojos de YHVH» (Génesis, 6, 8)— renovó Su alianza: «Yo soy El Shaddaï, camina en mi presencia y sé perfecto. Yo instituyo mi alianza entre yo y tú y te incrementaré extremadamente» (Génesis, 17, 1-2), inscribiéndola en la carne de todos los hombres: «Que todos vuestros machos sean circuncisos» (Génesis, 17, 10), puesto que la circuncisión que corta, que separa, es acto de creación (Dios ha separado la luz y las tinieblas, las aguas que se encuentran bajo el firmamento de las aguas que se encuentran por encima del firmamento) y de libertad. Y Abram se convirtió en Abraham. El padre *(av)* de numerosos pueblos *(rav am)*. Esta alianza afectaba de nuevo a toda la humanidad puesto que sólo quedaba excluido «el incircunciso, el macho al que no le habrán cortado la carne del prepucio; esta vida será suprimida de su parentela: ha violado mi alianza» (Génesis, 17, 14). La alianza con Dios se ofrecía a todos y se dejaba a la libre elección del hombre. Sólo los hombres del clan de Abraham la aceptaron y la mantuvieron tal como se ordena en la Torá.

Fue Jacob, el nieto de Abraham, quien recibió el nombre de Israel, después de su combate con el ángel: «Ya no te llamarás más Jacob sino Israel, puesto que has sido fuerte contra Dios y contra los hombres y has vencido» (Génesis, 32, 29). Así pues, su nombre significa en hebreo «Dios luchará»: los descendientes de Abraham, los niños de Israel, se convirtieron también en los luchadores de Dios. Este clan creció, siguió a José hasta Egipto, un José que, vendido por sus hermanos, se había convertido debido a su sabiduría, en el «amo del palacio» de Faraón.

Esta pequeña comunidad monoteísta, que los egipcios llamaban los «niños de Israel», prosperó durante un tiempo en Egipto si bien suscitó celos y odios porque era extranjera en ese país. Sus miembros no tardaron demasiado en ser esclavizados. Fue entonces cuando Dios se acordó de la alianza con la casa de Abraham y decidió hacerla salir de Egipto bajo la guía de Moisés. La narración e esta aventura ocupa todo el libro del Éxodo, y puede considerarse como la crónica del nacimiento del pueblo judío, ese pueblo que, a través de una historia aciaga, ha permanecido fiel a la misión de Adán, a la misión de la especie humana. Durante el Éxodo, Moisés fue llamado sobre el monte Sinaí por Dios, quien le dio la Torá. Y cuando el pueblo judío se encontró sin país, la Torá se convirtió en su única tierra.

Sea cual fuere el punto de vista desde el que se mire, tanto si se trata de la ortodoxia, talmúdica o mística, la Torá se situaba y se situará siempre en el centro del judaísmo. Con ella se creó la comunidad de Israel: «Si escucháis mi voz y mantenéis mi alianza os consideraré por mi propio bien entre todos los pueblos, puesto que toda la tierra es mía. Yo os consideraré como un reino de sacerdotes, una nación santa» (Éxodo, 19, 5-6), dijo Dios a Moisés. En ella crecieron y hallaron consuelo todos los creyentes en momentos de persecución.

La Torá

El sentido literal de la palabra *torá*, es «el que enseña, el que instruye». Los griegos la tradujeron por *nomos*, «la ley», y este es el sentido que ha permanecido. La Torá es toda la enseñanza de Dios, religiosa y moral, escrita y oral, transmitida de generación en generación.

En el sentido restrictivo y en el sentido que se escucha generalmente, la Torá es el Pentateuco, lo que se lee en la sinagoga durante un ciclo anual comprendido entre la fiesta de la Alegría de la Torá del año que acaba y la del año que empieza.

El Pentateuco está compuesto sólo por cinco libros que van desde la creación del mundo hasta la muerte de Moisés: el Génesis, el Éxodo, el Levítico, los Números y el Deuteronomio[4], libros que Dios dio a Moisés, en el monte Sinaí, después de que Moisés hiciera salir al pueblo judío de Egipto:

«Moisés subió a la montaña. La nube cubrió la montaña. La gloria de YHVH se estableció sobre el monte Sinaí, y la nube los cubrió durante seis días. El séptimo día, YHVH llamó a Moisés desde el centro de la nube. El aspecto de la gloria de YHVH era a los ojos de los israelitas una llama devoradora en la cima de la montaña. Moisés entró en la nube y subió a la montaña. Y Moisés permaneció sobre la

4. El canon bíblico judío comprende, además del Pentateuco, los libros proféticos (Isaías, Jeremías, Baruc, Ezequiel, Daniel, Oseas, Joel, Amós, Abdías, Jonás, Miqueas, Nahúm, Habacuc, Sofonías, Ageo, Zacarías, Malaquías) y los libros sapienciales e históricos (Salmos, Job, Proverbios, Rut, Cantar de los Cantares, Eclesiástico, Lamentaciones, Esther, Daniel, Esdras, Nehemias y Crónicas).

montaña cuarenta días y cuarenta noches»
(Éxodo, 24, 15-18).

«Moisés se dio la vuelta y descendió de la
montaña con las dos tablas del Testimonio, tablas escritas por los dos lados, escritas sobre
una y sobre la otra cara. Las tablas eran la obra
de Dios y la escritura era la de Dios, grabada
sobre las tablas» (Éxodo, 32, 15-16).

Para comprender el judaísmo en general y la
cábala en particular, es importante no olvidar
que Dios ha escrito la Torá y que las letras del
texto presentan por ello un carácter particular
debido a su origen divino. Es importante recor-
dar igualmente que Moisés fue el único que es-
cuchó la voz de Dios cuando recibió la Torá y
también el primero en transmitirla: «Todos los
israelitas se acercaron y les ordenó todo lo que
YHVH había hablado sobre el monte Sinaí»
(Éxodo, 34, 33).

Por esta razón la Torá recibe también el nombre de *Torá de Moisés*.

Los hechos acaecieron en el siglo XIII o en el
siglo XII a. de C. y la tradición cuenta que los
hebreos que recibieron la Torá a través de la
voz de Moisés eran sólo seiscientos mil. Moisés
añadió también estas palabras de Dios:

«No es sólo con vosotros que concluyo esta
alianza... sino también con aquel que se en-

cuentra aquí con nosotros en presencia de YHVH nuestro Dios, y con aquel que no está aquí con nosotros hoy» (Deuteronomio, 29, 14).

La Torá afecta a todos los judíos de todos los tiempos que tienen que llegar, y todo el trabajo de los pensadores judíos ha sido, por lo tanto, conocer esta palabra con el objetivo de seguir los mandamientos. ¿Cómo lo hacen? Transmitiéndola y comparándose de forma permanente con el texto. Pero para empezar, es necesario comprender lo que la palabra *torá* engloba lo que la alianza quiere decir y la naturaleza del don.

Dios, creador del mundo, ha hecho al hombre a Su imagen, para que mantenga y desarrolle el mundo así creado y permita el establecimiento del reino de Dios. La alianza que concluye con el hombre, con «una multitud de naciones» (Génesis, 17, 4), descansa sobre la justicia y la rectitud y comprende Diez Palabras —los diez mandamientos— que son reglas de conducta adaptadas a todos los pueblos y a todos los tiempos. Israel tiene que dar el ejemplo: «Os consideraré como un reino de sacerdotes, una nación santa» (Éxodo, 19, 6) rechazando la idolatría y poniéndose al servicio de la humanidad. La Torá se ha dado a Israel para que transmita la Revelación y permita de esta forma la realización del diseño de Dios. Encontramos dos tipos de leyes, reunidas en el Levítico y en el Deuteronomio: las leyes religiosas y las leyes morales que gobiernan la vida social y la vida privada de los judíos que tienen todas como objetivo final la salvación de la humanidad y el reino del Mesías.

Dios en la Torá

La Torá no nos dice nada de Dios. No hace más que referir sus palabras y es esencialmente a través de sus palabras que lo descubrimos.

Dios es Uno: «Yo soy YHVH tu Dios que te ha hecho salir del país de Egipto… no tendrás otros dioses» (Éxodo, 20, 2-3). Creó el Universo con su palabra. Es omnisciente y todopoderoso. Es único, inmaterial, sano, abstracto, lejano: «Tú no puedes ver mi cara puesto que el hombre no puede verme y vivir» (Éxodo, 33, 20). No deja el mal sin castigo: «Dios dijo a Noé: "El fin de toda carne ha llegado, lo he decidido, puesto que la tierra está llena de violencia a causa de los hombres y voy a hacerles desaparecer de la tierra"» (Génesis, 6, 13). Pero es justo: «YHVH dijo a Noé: "Entra en el arca tú y toda tu familia porque te he visto como el único justo entre mis hijos en esta generación"» (Génesis, 7, 1). Se mantiene cerca de sus criaturas, amando, fiel a su alianza: «YHVH, YHVH, Dios de ternura y de piedad, lento ante la cólera, rico en gracia y en fidelidad; aquel que mantiene su gracia a mil generaciones, tolera falta, transgresión y pecado pero no deja nada sin castigo...» dijo Moisés (Éxodo, 34, 6-7).

Es sabio y comunica su sabiduría a Israel a través de la voz de sus profetas que Él escoge y que Él convierte en «el instrumento inspirado por su obra entre los hombres», según la expresión de A. Chouraqui.

Es simplemente. *Eyeh* (Éxodo, 3, 14), nombre bajo el cual se presenta a Moisés, futuro del verbo *ser*, expresa de forma fulgurante la omnipresencia de Dios. El futuro, en hebreo, traduce tanto una acción que dura como una acción futura. Por lo tanto, *eyeh* tiene que comprenderse como un absoluto: «Soy eternamente». «Desde el punto de vista del tiempo y de la Historia, del devenir, de los futuros sucesivos, la esencia permanente de Dios garantiza la unidad de la obra humana» (É. Amado Lévy-Valensi, *La Raíz y la fuente*).

La fidelidad a este Dios que es una Palabra, a la Palabra de Dios, es la garantía del pueblo judío que sólo existirá mientras será transmitida.

La transmisión de la Torá

Moisés había previsto que cada siete años la Ley debería leerse delante de todo el pueblo de Israel reunido —hombres, mujeres y niños— «para que oigan, y aprendan a temer a YHVH vuestro Dios, y cuiden de poner en práctica todas las palabras de esta Ley» (Deuteronomio, 31, 12). Pero no tenía ilusiones. ¿No había dicho Dios «[el pueblo] me abandonará y romperá mi alianza [...], los abandonaré y ocultaré mi rostro»? (Deuteronomio, 31, 16-17).

El papel de los profetas ha sido esencial puesto que han forzado a Israel a ser fiel a la Ley, a la Torá, la han llevado de nuevo hasta el monoteísmo cuando se alejaba. Oyendo la voz de Dios en los acontecimientos cotidianos, testimonios de sus diseños, han sido su guía, aconsejándole, zarandeándolo, amenazándole, recordándole sin cesar la mansedumbre de Dios y la necesidad «de servir y de adorar a Dios en la unidad» (I. Epstein, *El Judaísmo*). «Convertíos y apartaos de todos vuestros crímenes; no haya para vosotros más ocasión de culpa. Descar-

gaos de todos los crímenes que habéis cometido contra mí, y haceos un corazón nuevo y un
espíritu nuevo» (Ezequiel, 18, 30-31).

«Acordaos de la Ley de Moisés, mi siervo, a
quien yo prescribí en el Horeb preceptos y normas para todo Israel» (Malaquías, 3, 22).

Sin embargo, fue la toma de Jerusalén por
Nabucodonosor, en el año 587 a. de C., la destrucción del Templo, su centro espiritual, y la
deportación a Babilonia lo que hizo que los judíos tomasen conciencia de lo justo que era el
juicio de Dios, de la absoluta necesidad de
obedecerle sometiéndose completamente a la
Torá y de que su perennidad dependía ante
todo de cada uno de ellos. Fue el inicio de las
escuelas, de las academias: la transmisión de la
Torá debía hacerse a través de una enseñanza
estricta.

La transmisión se ha realizado hasta nuestros días de forma oral y escrita. La Torá se ha
transmitido de forma oral durante siglos. De
su forma escrita no tenemos ningún manuscrito anterior al siglo II a. de C. Ni siquiera fragmentos de textos encontrados en Qumram,
puesto que el primer manuscrito completo de
la Torá que se conoce data del siglo IX d. de C.
En cambio, se menciona en distintos libros de
la Biblia.

Dios grabó la Torá en losas que dio a Moisés y que se conservaron en el Arca de la alianza. Moisés, antes de su muerte, puso por escrito esta ley (Deuteronomio, 31, 9).

Los escribas —los *soferim*, es decir, las personas del libro *(sepher)*—, se mencionan desde esta época (Deuteronomio, 1, 15). Se sabe únicamente que eran una especie de funcionarios antes de convertirse, en una época difícil de determinar, en los agentes de transmisión de la Ley, los doctores de la Ley, es decir, los únicos autorizados a impartir su enseñanza.

En el siglo VII a. de C., el libro de los Reyes nos enseña que bajo el reino de Josías (640-609), un libro de la Ley fue encontrado en el templo de YHVH (Reyes, II, 22, 8). El hallazgo tuvo lugar durante los trabajos de reparación del templo.

En el siglo VI, Nehemías (8, 1) menciona «el libro de la Ley de Moisés, que YHVH había prescrito a Israel» y un poco más tarde se sabe que Esdras, «un escriba versado en la Ley de Moisés que había dado YHVH» (Esdras, 7, 6), había «aplicado su corazón a escrutar la Ley de YHVH, a ponerla en práctica y a enseñar en Israel los preceptos y las normas» (Esdras, 7, 10).

El rollo de la Torá

La Torá ha creado un pueblo. Se encuentra en el corazón del pueblo judío y en el corazón de cada judío: «Colocaré mi Ley en el fondo de su ser y escribiré en su corazón. Entonces seré su Dios y ellos serán mi pueblo» (Jeremías, 31, 33). Por ello, sus rollos son la posesión más preciada de la sinagoga.

Se designa con el nombre de *torá* el rollo de pergamino o de vitela, formado por dos bandas cosidas una a la otra sobre las que se escribe. La escritura de una nueva Torá obedece a reglas muy estrictas. Al tratarse del texto divino, no debe comportar ningún error, ningún cambio en relación con el texto precedente.

El texto, en hebreo, está copiado a mano, con tinta negra, por un escriba que vigila para no olvidar ni añadir ninguna letra, así como para respetar los espacios entre las letras. El texto no contiene ni vocales ni puntuación.

Cuando el rollo está terminado, se monta sobre dos barras de madera, se rodea y se reviste con un manto o, en algunas comunidades orientales, se coloca en un cofre de dos batientes.

El rollo de la Torá se presenta a la comunidad durante las ceremonias en la sinagoga.

Cuando se vuelve inutilizable, por ejemplo cuando los caracteres se borran, el rollo no se destruye sino que se entierra o se coloca en un depósito especial: la *genizah*. Es por esta razón que ha sido posible encontrar, en el Cairo, manuscritos muy antiguos de la Torá.

El canon bíblico fue establecido definitivamente en Jabné, en el siglo I d. de C., es decir trece o catorce siglos después de la Revelación y el don de la Torá.

Durante todo este tiempo, la tierra de Israel, deseada tanto por los egipcios, como por los sirios, los persas, los griegos o los romanos, conoció los primeros infortunios, las guerras, los éxodos, las tentaciones de asimilarse.

Y sin embargo, la transmisión se efectuó y los profetas hicieron oír la voluntad de Dios y salvaron varias veces al pueblo de sí mismo, recordándole sus deberes: «Buscad a YHVH y viviréis, por miedo a que se cimiente como el fuego sobre la casa de José» (Amós, 5, 6); «Vuelve Israel a YHVH tu Dios, puesto que es culpa tuya que te haya hecho tropezar» (Oseas, 14, 2).

Trece o catorce siglos durante los cuales los escribas, los *soferim*, las gentes del libro, mantuvieron la Torá, la enseñaron, la adaptaron a las circunstancias, la comentaron y dieron valor a todos los textos que la piedad judía apreciaba tanto para asegurarse de su autoridad divina.

Trece o catorce siglos en definitiva durante los cuales se desarrolló una importante labor de exégesis que dio las *midrashim* y el Talmud y que preparó el nacimiento de la cábala.

Comprender
y enseñar la Torá

El texto de la Torá —que empieza con la creación del mundo por Dios y que luego nombra a Dios por el redoblamiento del futuro del verbo ser: *Eyeh achere Eyeh*— muestra bien que el problema de la existencia de Dios no se plantea: Dios ha sido, es y será. Dios es una evidencia, un axioma. La cábala es una larga meditación sobre Dios y sobre la creación.

La existencia de Dios es quizás el único concepto firme de la Torá. Todo el resto es materia para preguntar y para meditar, puesto que viniendo de Dios todo es significante. ¿Entonces por qué ese dios único recibe el nombre de El, Elohim, Adonaï, Eyeh o YHVH? ¿Por qué ese dios que no se puede ver bajo pena de muerte (Éxodo, 19, 21) se describe como un humano: «coloca los pies sobre el reposapiés de su trono [...], cabalga las nubes, desciende del cielo para visitar la torre de Babel, cierra la puerta de la arca después de Noé [...], siente todas las emociones humanas, la alegría, la tristeza, la desgana, el arrepentimiento, los celos»? (A. Chouraqui, *El pensamiento judío*) ¿Por qué se encuentran sobre un mismo nivel largas listas genealógicas, largas listas de materiales de construcción y de historias fundamentales como la salida de Egipto o la conquista de la Tierra prometida? Y sobre todo, ¿cómo estar seguro de observar todos los mandamientos, las *mitsvot*, una observación que ha de permitir al pueblo judío «consagrarse a YHVH tu Dios, tal como te ha dicho él mismo»? (Deuteronomio, 26, 19).

Muy pronto quedó claro que la lectura de la Torá no era suficiente, que era necesario explicarla, comentarla y meditarla: «Y Esdras leyó en el libro de la Ley de Dios, traduciendo y dándole un sentido: de esta forma se entendía la lectura» (Nehemías, 8, 8, acerca de la reconstrucción del Templo, en el siglo VI a. de C.).

Durante siglos, siguiendo las costumbres antiguas y para que no se la confundiera con el propio texto, la enseñanza de la Torá se realizó de forma oral. Al principio, sin duda alguna, se llevó a cabo de forma informal: «Y tú, hijo del hombre, los hijos de tu pueblo se alimenten de ti a lo largo de los muros y en las puertas de las casas… Y vienen hacia ti en grupo, mi pueblo se sienta delante de ti, escucha tus palabras…» (Ezequiel, 34, 30-31). Más adelante, aunque en un momento indeterminado y probablemente muy antiguo, en las casas de asamblea, bajo la dirección de los escribas, los *soferim*: que se encargaban de copiar los manuscritos con atención para no cambiar nada se convirtieron en maestros. El Eclesiástico, un texto no admitido en el canon judío, escrito en el siglo II a. de C., elogia su labor: ellos «dirigieron al pueblo con sus consejos, su inteligencia de la sabiduría popular y los sabios discursos de su enseñanza» (Eclesiástico, 44, 4).

Estas reflexiones realizadas durante siglos alrededor de la Torá han permitido a los judíos adaptarse a sus distintas situaciones sin apartarse de la observancia estricta de la Ley. La suma de estos trabajos forma la tradición o Torá oral. Por no poner más que un simple ejemplo, es la Torá oral la que precisa y define todas las actividades que pueden desobedecer el cuarto mandamiento, la observancia del *shabbat*: «No harás ninguna obra, tú, ni tu hijo, ni tu hija, ni tu sirviente, ni tu sirvienta, ni los animales, ni el extranjero que está en tu casa» (Éxodo, 20,

10). Ninguna obra, ninguno de los treinta y nueve trabajos necesarios para la edificación del Templo ni tampoco ninguno de los trabajos que han permitido los treinta y nueve trabajos del Templo. De esta forma, al ser de lino la cortina que tenía que tapar el Arca de la alianza (Éxodo, 26, 36), no sólo el hilado del lino está prohibido ese día, sino también todas las labores agrícolas, puesto que el *shabbat* tiene que ser un tiempo distinto del tiempo de trabajo, consagrado a la meditación, a la glorificación de Dios, un tiempo de libertad.

La formación de un Consejo supremo —llamado más tarde sanedrín— en el siglo II a. de C., nos permite conocer mejor la forma en la que se enseñaba la Ley. Este Consejo estaba situado bajo la dirección de una pareja de doctores, el *nasi* y el *ab beth din*, quienes promulgaron las distintas reglas de exégesis de la Torá. En el siglo I d. de C., Hillel definió siete y en el siglo II, Rabí Yossef Ben José, treinta y dos, entre las cuales se pueden citar el razonamiento *a fortiori*, el razonamiento por analogía, la generalización de un caso particular o de una ley, la exégesis filológica, etc. No obstante, las reglas más importantes prescriben el respeto a la Tradición, la aceptación única de aquellos nuevos comentarios que mejoren y refuten los anteriores y el valor absoluto de «cada una de las frases» (A. Chouraqui, *op. cit.*).

Midrash y mishna

La enseñanza respetaba la distinción entre lo escrito y lo oral: «las enseñanzas que se han dado oralmente no deben por lo tanto ponerse por escrito. Las enseñanzas que se dan por escrito no deben transmitirse oralmente» (Talmud, Mishna, Git 60 b).

La enseñanza de la Torá se realizaba según el método del *midrash*, una palabra que proviene de una raíz que significa «estudiar a fondo». Se trata de comentarios, en forma de metáforas o de alegorías, de la Torá, pero también de textos tradicionales no admitidos en el canon bíblico, capítulo por capítulo, versículo por versículo y palabra por palabra.

La enseñanza que se refiere a las leyes daba lugar a un *midrash halachah*, y si se refería a la moral, a la religión o a la historia, se trataba de un *midrash haggadah*. El *midrash* justificaba la ley oral.

Algunos de estos comentarios, redactados en épocas antiguas, han llegado hasta nuetros días.

La enseñanza de la Torá oral se llevaba a cabo según el *mishna*, método de repetición oral que permitía memorizar. Su objetivo era el de fijar todas las prácticas tradicionales que se habían desarrollado a lo largo de los siglos en función de los acontecimientos. De esta forma, la primera destrucción del templo impidió que se efectuasen los sacrificios de animales prescritos por el Deuteronomio así como la celebración de todos los rituales que eran de naturaleza agraria —propios de un pueblo de pastores y de agricultores—. Al tener sólo un significado simbólico, fueron asimilados a lo largo de los siglos a rituales históricos en los que se conmemoraba algún acontecimiento importante de la historia de Israel.

Al alba del cristianismo, este conjunto de ceremonias era tan numeroso que ya no era posible memorizarlo. Fue necesario organizarlo y redactarlo por escrito para evitar las divergencias exegéticas. En Jabné, donde se había refugiado la elite intelectual judía después de la toma de Jerusalén por Tito en el año 70 d. de C., el mayor de entre los doctores de la *mishna*, Rabí Akika (50-135), empezó a clasificar por materias todo lo que procedía de la jurisprudencia. Su labor supuso un desarrollo importante del *midrash*, ya que realizó un análisis hermenéutico de todas las sílabas de los textos.

Esta labor se interrumpió a causa de la última gran rebelión contra los romanos (132-135) —llevada a cabo por Simeón Bar Kochba—. El reino de Israel desapareció y muchas familias se exiliaron en Babilonia. El perdón del emperador Antonino (138) puso fin a la persecución. Rabí Yehouda Ha Nassi (125-217) retomó la labor.

El Talmud

Rabí Yehouda Ha Nassi reunió durante una veintena de años, en Galilea, a los mayores sabios, los *tannaïm*, para que expusieran todo lo que con el tiempo había asumido fuerza y categoría de ley.

Todo este material se repartió en seis órdenes, los *sedarim* (del verbo «ordenar»), compuestos por un cierto número de tratados (entre siete y doce), divididos en capítulos. Este conjunto de textos recibió el nombre de *mishna* y se convirtió, según los deseos de Rabí Yehouda Ha Nassi, en el manual de referencia de la vida judía. Basta leer los títulos de los *sedarim* para convencerse de ello.

El primero, el de las Semillas, se refiere a la

agricultura: todas las reglas relativas a la cultura y al mantenimiento de los campos y de los jardines están expuestas en él, así como los derechos de los pobres y de los sacerdotes en el producto de la siega.

El segundo trata del Tiempo, es decir, del calendario y de las leyes que fijan el tiempo del shabbat, de las fiestas y de los ayunos.

El tratado siguiente, el de las Mujeres, se refiere a las relaciones entre los sexos, las leyes sobre el matrimonio y sobre el divorcio.

El cuarto, el de los Perjuicios, trata de la ley y de los procedimientos civiles y criminales, así como de las relaciones sociales, domésticas, económicas y políticas.

El quinto tratado, el de las Cosas santas, se refiere a la ordenación del culto, los deberes de los sacerdotes, y todo lo que afecta a la muerte de los animales.

El último tratado, el de las Purificaciones, trata de la pureza y de la impureza de las cosas y de las personas.

Muy rápidamente, la Mishna se convirtió en el manual clásico de todas las escuelas del mundo judío y el texto fundamental de los estudios y de la investigación hermenéuticos en Palestina y Babilonia. Fue estudiada, interpretada y discutida por los *amoraïm* a la luz de todos los textos que habían sido descartados por Rabí Yehouda. El objetivo de los *amoraïm*, los sabios que se libraban a este estudio complementario, no era el de invalidar el trabajo de sus predecesores sino de «aprehender su valor, su sentido y su capacidad» (A. Cohen, *El Talmud*).

Este trabajo de clarificación y de justificación de la Mishna fue llevado a cabo de forma simultánea entre las escuelas palestinas y las escuelas babilónicas durante más de un siglo. Se conoce como Gemara. Hubo una Gemara en Palestina y otra en Babilonia. Ambas son incompletas ya que sólo cubren poco más de la mitad de los tratados de la Mishna, pero no se limitan a las cuestiones legislativas. En ellas pueden encontrarse consejos médicos, especulaciones científicas y debates filosóficos. Debido a las circunstancias históricas —Babilonia, donde la población judía vivía en un clima de gran seguridad y de prosperidad, se había convertido en el centro cultural de la vida judía—, la Gemara babilónica es la que suele estudiarse con más interés.

La Mishna y la Gemara, compiladas en el siglo V, forman el Talmud, que se puede traducir como «enseñanza». En él se encuentra todo lo que se refiere a las obligaciones sociales, familiares y religiosas del judío (la Halachah) y la historia, la filosofía y la teología que constituyen la Haggadah a la cual «incumbía la gran misión moral de consolar, edificar, exhortar e instruir una nación librada a los peores sufrimientos, amenazada de estancación espiritual por el exilio; ella debe proclamar que las glorias del pasado prefiguran un porvenir no menos brillante y que la propia miseria del tiempo presente ocupa su lugar en el plan divino que ha marcado la Biblia» (A. Cohen, *op. cit.*).

De forma paralela al Talmud, que «encierra todo un tesoro del pensamiento, de la historia, de la exégesis bíblica, de las costumbres judías… [que] ha moldeado la naturaleza del judaísmo y la identidad judía» *(Diccionario enciclopédico del judaísmo)*, la composición de manuales haggádicos de tipo midrásico continuó, sobre todo en territorio babilónico. En su mayoría eran comentarios sobre el texto bíblico y de homilías sobre las lecturas realizadas durante las fiestas que intentaban, con un lenguaje muy vívido, hacer comprender lo que Dios espera de su pueblo.

Las más conocidas son, sin duda alguna, la Midrash Rabba, la Génesis Rabba y las Pesikta Midrashim.

Finalmente, todo el material que no fue utilizado por los sabios para el establecimiento del Talmud se ha reunido en dos compilaciones: los Tosephta («suplementos») y las Beraïta («Enseñanzas externas»).

El Talmud se imprimió por primera vez en Venecia en el siglo XVI y presenta, en cada página, el texto de la *Mishna* y de la *Gemara* correspondientes, rodeados a su vez de referencias talmúdicas y distintos comentarios, entre los que se encuentra el de Rachi (1040-1105) —el gran comentador de Champaña de la Biblia y del Talmud.

Las relaciones entre el hombre y Dios en el Talmud

El Talmud, «ese gigantesco esfuerzo de reflexión sobre el texto» (A. Chouraqui, *op. cit.*), obtuvo su autoridad por el hecho de que «está basado en la Escritura y [...] sus doctrinas y sus principios se obtienen directamente de los que encontramos en la Torá, en los Profetas y en las Escrituras» (I. Epstein, *op. cit.*).

Sin ninguna duda, la reflexión del Talmud está totalmente centrada en las relaciones entre el hombre y Dios.

Dios

En el Talmud no se intenta comprender el axioma bíblico «Dios es uno», sino que se parte de su aceptación incondicional. Esta breve historia puede dar cuenta de la importancia de tal postura.

«Dejad que os pregunte ahora dónde se encuentra una cosa que os acompaña de día y de noche: vuestra alma. El hombre respondió: "Lo ignoro". "¡Cómo!", se admiró el rabino, "¡no puede decirme qué lugar ocupa una cosa que está efectivamente con usted y me pregunta sobre alguien que se encuentra a tres mil quinientos años de mí!"» Si Dios se describe a menudo en términos antropomórficos es, nos dice el Talmud, para «hacerlo inteligible al oído humano».

Dios es una realidad cuya energía creadora siempre está trabajando. Es omnipresente, trascendente e inmanente, lo que el Talmud traduce con el término *schekina*, «Su Presencia en la creación», en el mundo creado. Por esta razón, se trata de un Dios de amor no sólo para el pueblo judío sino para todos los pueblos y todas las naciones. El pueblo judío no es más que el instrumento elegido para que la humanidad progrese hacia un mundo dirigido por la justicia divina.

Dios posee todo, el hombre no es más que su

depositario y el Talmud no es más que un largo desarrollo de lo que el creyente tiene que hacer para permitir la llegada del Reino de Dios. «Para los maestros talmudistas, Dios es ante todo la ética y la justicia realizadas mediante la observancia de la ley» (M.-A. Ouaknin, J. Botéro, J. Moingt, *La historia más bella de Dios*).

El hombre

Si el hombre obedece la ley moral, el hombre participará de la esencia de Dios: «Igual que Él es bueno, sé bueno; igual que Él es misericordioso, sé misericordioso; igual que Él es justo, sé justo» (Levítico, 19, 2).

El hombre sólo tiene deberes puesto que debe de todo, y esto es lo que la Biblia transmite en esta fórmula lapidaria: «Amarás al prójimo como a ti mismo. Yo soy YHVH» (Levítico, 19, 18). Por lo tanto, tiene que respetar toda la vida, tiene que evitar que sus actos atenten contra el honor y la reputación ajena y tiene que ser justo y actuar de manera que cualquier persona pueda vivir de forma decorosa y sea capaz de honrar a Dios. El respeto por el otro le prohíbe cualquier tipo de engaño: «Que vuestro *sí* sea recto y que vuestro *no* sea recto»

(*Baba Metzia*, 49 a). Debe ser caritativo incluso hacia un enemigo: «Aunque tu enemigo se haya levantado temprano para matarte y llegue muerto de hambre y alterado a tu casa, dale de comer y de beber» (Midrash en Prov., 25, 21).

Es necesario ser santo a imagen de Dios puesto que Dios ha hecho al hombre a su imagen (Génesis, 9, 6) y por ello hay que luchar contra los sentimientos de envidia, codicia, orgullo y cólera que pueden llegar a destruir el bien. «Es cierto que las iniquidades del hombre encolerizado pesan más que sus méritos» (*Nedarim*, 22 b). Para ello, es preciso desarrollar sus virtudes, la humildad, su fe en Dios y observar los seiscientos trece mandamientos (*mitsvot*) prescritos.

El Talmud, por lo tanto, trata todos los principios religiosos prescritos en la Biblia. Insiste en la importancia de la plegaria matinal, preconiza numerosas bendiciones para agradecer a Dios todo lo que ha puesto de bueno a disposición del hombre y regula las ceremonias privadas (matrimonios) y públicas (fiestas y ayunos).

El Talmud se concibe como una guía práctica que ha de permitir al hombre judío someterse a la voluntad de Dios no por su bien personal sino por el bien de la humanidad al completo, puesto que «lo que está abajo está también arriba».

Para concluir, citaremos a A. Cohen: «Lo más importante que el Talmud ha hecho por el pueblo judío ha sido hacerle sentir que la desaparición del Templo no comportaba la desaparición de su religión. Por muy duro que fuera el destino, el camino permanecía abierto para acercarse a Dios».

Elevarse hacia Dios y contemplarlo

Según G. Scholem, cualquier espíritu profundamente religioso sólo tiene un deseo, encontrar «la armonía imaginaria del Hombre, del Universo y de Dios» y sólo puede hacerlo en su propio contexto religioso. Cualquier espíritu religioso aspira a la unión, a la divinidad y al misticismo.

El misticismo existe en la tradición judía como en todas las tradiciones religiosas. Está presente en la Biblia y, en consecuencia, en el Talmud. Sus imágenes son de gran belleza. Piénsese en el sueño de Jacob, las visiones de Isaías, la descripción del carro celeste en el Libro de Ezequiel o las visiones apocalípticas del Libro de Daniel por citar sólo las más importantes. Sin embargo, la experiencia mística sólo está reservada a unos pocos: «muchos comentan la *Merkabah* [la visión del carro] y no la han visto nunca en su vida» (*Tosephta Megillah*, III, 17; citado por R. Goetschel, *La Cábala*).

A diferencia de otros místicos, el judío no busca la unión con la divinidad. Al principio, se esforzó en superar las prácticas religiosas habituales para contemplarla en su esplendor, a ejemplo de los profetas. Más tarde, intentó descubrir los secretos retomando el texto de la Torá con una óptica distinta de la del Talmud. Fue en ese momento, en el siglo XII de nuestra era, cuando el movimiento místico judío recibió el nombre de *cábala*.

Más adelante, el nombre pasó a designar toda la mística judía. La confusión de procedimientos y fines fue tal, que los estudiosos acuñaron las expresiones *cábala estática* y *cábala meditativa* para diferenciarlas. No obstante, tal distinción es arbitraria en la medida en que el místico judío busca y ha buscado siempre actuar al lado de Dios para lograr el bienestar de la humanidad.

Rabí Simeón Bar Yochaï

Este sabio del siglo II se presenta en el *Zohar* —la gran obra de la mística judía, realizada en el siglo XIII por Moisés de León— como el místico por excelencia, como la Lámpara Santa de la cual es necesario transmitir la enseñanza. En la actualidad se lo considera un santo y se lo honra durante las fiestas de Lag Ba Omer. Sin embargo, apenas hay referencias suyas: tan sólo unas pocas líneas en el Talmud y la Midrash.

Guy Casaril describió a grandes rasgos su carácter en la obra *Rabí Simeón Bar Yochaï y la cábala*. De él tomamos los siguientes datos.

Nació en Galilea a finales del siglo I. Fue alumno de Rabí Akiba, el maestro de la *Mishna*. El Talmud nos lo muestra orgulloso y nacionalista a ultranza: «Rabí Judá, Rabí Jossé y Rabí Simeón estaban reunidos y Judá, un hijo de prosélito, se mantenía cerca de ellos. Rabí Judá observó: "Los trabajos de los romanos son admirables: han realizado caminos, han construido puentes y termas." Rabí Jossé guardó silencio. Rabí Simeón replicó: "Todo lo que han hecho, lo han hecho para sí mismos: los caminos para las prostitutas, las termas para sus cuerpos, los puentes para eliminar los peajes"» (*Sabbath*, 33 b; citado por G. Casaril). Estas palabras le valieron, al igual que a su hijo, un exilio de trece años en el desierto, «frente a la Ley y con Dios». Durante ese tiempo adquirió un conocimiento profundo de la Ley, el amor de Dios gracias a la enseñanza que les prodigaba cada día el propio profeta Elías durante las visiones y con una sensibilidad extrema: «El rigor no puede obrar con severidad en los lugares que Rabí Simeón Bar Yochaï tiene como costumbre frecuentar» (*Zohar*, I).

Después de este exilio frente a Dios, seguro de las enseñanzas que le había dispensado el profeta Elías, llevó una vida santa y perfecta, totalmente dedicada a la enseñanza del amor de Dios. A lo largo del *Zohar* lo vemos llorar, compadecer a los demás o interceder ante Dios para salvar a uno de sus discípulos de la muerte. A su muerte, «apareció una cohorte de aliados sobre las alas de los cuales Rabí Simeón y su hijo Rabí Eleazar fueron elevados hasta la Yeschiva Celeste» (*Zohar*, I).

Era importante entretenerse sobre la historia de la vida de Rabí Simeón puesto que prueba la existencia desde tiempos antiguos de esta corriente mística —influida por la gnosis[5] y otras herejías cristianas—. Esta corriente mística co-

5. La mística judía de la *Merkaba* con sus siete palacios, sus porteros y su divinidad sobre un trono hace pensar en la pleroma de los gnósticos con sus eones, sus potencias y sus arcontes.

bró un cierto auge durante los siglos VII y VIII en Palestina y en las escuelas de Babilonia y encontrará su pleno apogeo en la cábala.

La literatura de los *Héchalot*

Según Gershom Scholem, el texto de la visión de Ezequiel es el que primero llamó la atención a los doctores de la Ley. Recordemos ese bello texto, redactado en el siglo VI a. de C., mientras Ezequiel estaba exiliado en Babilonia.

En el centro de lo que nosotros llamaríamos un tornado —«era un viento de tormenta que soplaba del norte, una gran nube, un fuego que brota, con un resplandor alrededor»—, Ezequiel vio de pronto «cuatro animales con este aspecto: tenían forma humana. Cada uno tenía cuatro caras y cada uno cuatro alas. Sus piernas eran rectas y sus cascos eran como cascos de buey, brillantes como el bronce pulido. Bajo sus alas tenían manos humanas giradas hacia las cuatro direcciones, igual que sus caras y sus alas [...]. Respecto a la forma de sus caras, tenían una cara de hombre y los cuatro tenían una cara de león a la derecha, los cuatro tenían una cara de toro a la izquierda y los cuatro tenían una cara de águila. Sus alas estaban desarrolladas hacia arriba; cada uno de ellos tenían dos alas que se juntaban y dos alas que le cubrían el cuerpo; todos iban hacia adelante; iban allí donde el espíritu los empujaba, no se giraban mientras caminaban... y había también una rueda en el suelo, al lado de los animales con cuatro caras. El aspecto de estas ruedas [y su estructura] tenía el brillo de la crisolita. Los cuatro tenían la misma forma; respecto a su aspecto y a su estructura: era como si una rueda se encontrara en medio de la otra. Su circunferencia era de gran tamaño y asustaban y la circunferencia de las cuatro estaba llena de reflejos alrededor... Cuando los animales avanzaban, las ruedas avanzaban al lado de ellos y cuando los animales se elevaban del suelo, las ruedas se elevaban... Había algo que parecía una bóveda, resplandeciente como el cristal, situada sobre sus cabezas...

»Por encima de la bóveda que estaba sobre sus cabezas, había algo que tenía el aspecto de una piedra de zafiro en forma de trono, y sobre esta forma de trono, encima, en lo más alto, un ser con apariencia humana. Y vi como el resplandor del bermejo, algo como fuego cerca de él, alrededor, desde lo que parecían ser sus riñones y por encima; y desde lo que parecían ser sus riñones y por debajo, vi algo como fuego y un brillo alrededor; el aspecto de este brillo, alrededor, era como el aspecto del arco que aparece en las nubes los días de lluvia. Era algo que se parecía a la gloria de YHVH» (Ezequiel, 1, 4-28).

La imagen de Dios en la nube se encuentra ya en el Pentateuco: la nube precede a los israelitas que salen de Egipto (Éxodo, 14, 19-20), cubre el Sinaí durante la Revelación (Éxodo, 19, 16) y más tarde el Tabernáculo (Éxodo, 40, 34), el primer santuario erigido por Moisés. De igual forma, se encuentra en el Pentateuco la luz resplandeciente que emana de Dios (Éxodo 24, 17) y el trono de zafiro (Éxodo, 24, 10). La visión de Ezequiel precisa por lo tanto y amplía la imagen de Dios en el Éxodo. Otros visionarios, empezando por Enós en el siglo II a. de C., darán cuenta de este aspecto de Dios y meditarán sobre esta visión intentando comprender todos sus elementos y construyendo de esta forma todo un sistema que permita lograr el conocimiento divino.

Este movimiento se desarrolló en el siglo III y IV, quizá como reacción a las persecuciones que la Iglesia católica infligía a los judíos que, exiliados y amenazados, se refugiaron en la contemplación de la gloria de Dios. Constituye un eslabón esencial entre el misticismo de las épocas antiguas y la cábala propiamente dicha.

El *mekubal*

El *mekubal* es la persona que ha recibido la Tradición, el cabalista. Para adquirir el grado de competencia necesario había que someterse a un proceso de iniciación. Era necesario cumplir con un cierto número de requisitos: poseer grandes cualidades morales, observar estrictamente los *mitsvot*, los mandamientos, e incluso presentar caracteres fisionómicos precisos.

Un largo periodo de ayuno preparaba para el descenso[6] del cabalista hacia el carro. Con la cabeza entre las rodillas, murmuraba plegarias, letanías o himnos que permitían a su alma atrave-

6. El alma del *mekubal* subía a través de los cielos hacia el carro o trono de Dios para contemplarlo. El retorno hacia el mundo cotidiano, el descenso, era un momento peligroso tal como veremos con la experiencia de Rabí Akiba y de sus amigos. La experiencia extática está reservada sólo a hombres bastante equilibrados y sabios que puedan vivirla sin desligarse de la realidad ni excluirse del mundo. El *mekubal* tiene que vivir en el mundo, trabajar, casarse y estudiar. De ahí que la experiencia extática se denomine *bajada* en lugar de *ascenso*.

sar «los siete cielos y los siete palacios, rompiendo la hostilidad de los arcontes, desbaratando las artimañas de los porteros... [para llegar] finalmente a la contemplación de Dios Rey en su gloria» (G. Casaril, *op. cit.*). Dos escribas lo acompañaban y anotaban todo lo que veía durante su éxtasis. De esta forma se constituyó todo un conjunto de textos, la literatura de los *Héchalot* o *Libros de los palacios* agrupados bajo el nombre de *Maassé Merkaba (Colección del carro)*.

El *Maassé Merkaba*

La descripción del descenso hacia el carro es la materia principal de estos tratados. Para alcanzar el objetivo de su viaje, la contemplación de Dios, el alma del *mekubal* tiene que atravesar siete esferas, siete palacios que están protegidos por porteros. En cada puerta es necesario mostrar un sello mágico y pronunciar una palabra clave. Cuanto más se acerca el alma a la séptima esfera, la progresión es más difícil, puesto que los porteros —ángeles y arcontes— son cada vez más exigentes. Si el viaje tiene éxito, el *mekubal* llega ante «el Dios de Abraham, el Dios de Isaac y el Dios de Jacob», que se muestra en toda su gloria.

No todos los iniciados conseguían realizar este viaje, puesto que la experiencia mística tenía que dominarse, en caso contrario llevaba a la muerte o a la locura. La historia del Talmud *(Hagiga)* explica de la siguiente forma la aventura de los cuatro rabinos Ben Azzai, Ben Zomah, Aher y Rabí Akiba: llegaron todos al final de su viaje y entraron los cuatro en el Paraíso, pero sólo Rabí Akiba salió indemne de él, puesto que sólo él era lo bastante sabio como para no perder el contacto con la realidad: Ben Azzaï murió, Ben Zomah se volvió loco y Aher renegó de su fe.

El Dios que contempla lo místico está descrito con rasgos antropomórficos en el tratado *Shiur Koma (Medidas del cuerpo)*. Sin embargo sus dimensiones son tan monstruosas que se convierte en un ser difícilmente concebible para la razón —«La altura de su nuca es de trece mil veces diez mil más ochocientos parasangas»[7] (citado por R. Goetschel).

Este Dios de Gloria, que el *Shiur Koma* nombra también como Creador del Mundo, está servido por una muchedumbre de ángeles y por Métatron. Esta figura, que se encuentra igual-

---

7. El *parasanga* es una antigua medida de superficie que corresponde a 5.250 m longitudinales.

mente en el libro de Énoch, es difícil de comprender. ¿Quién es Métatron? En algunos textos se identifica con Enós, cuya piedad lo hizo merecedor de la naturaleza angélica. Otros textos lo asimilan al ángel Yahoel, el ángel de Dios que aparece en el Éxodo (23, 20-21). En cualquier caso, se trata de una figura cósmica tan insigne, que cuando Aher la contempló se convirtió en hereje. ¿Acaso se trata de una referencia velada al gnosticismo, tal como apunta R. Goetschel?

El *Maassé Bereshit*

El *Maassé Bereshit* es también una compilación de tratados y textos de procedencia babilonia redactados entre los siglos III y VI d. de C. Tal como indica su nombre (*bereshit* es la primera palabra del Génesis y significa «al principio»), versa sobre la Creación. La obra más importante es el *Sefer Ha Yetsira* (*Libro de la Creación*), una obra densa y breve que explica el significado último de todas las cosas.

«Según treinta y dos misteriosos senderos de sabiduría, Yah, Señor de las Armas, Dios viviente y Rey del Mundo, El Shadaï [...] ha grabado y creado su mundo». Los treinta y dos misteriosos senderos de sabiduría» que aparecen en el primer capítulo del *Sefer Ha Yetsira* son «los diez *sefirot belima* y las veintidós letras principales», es decir, las veintidós letras del alfabeto hebraico.

Estos diez *sefirot belima* tienen varios significados.

Cada *sefira* representa los diez números primordiales, que no son cifras sino los elementos que constituyen la creación, es decir, las diez dimensiones del cosmos —lo alto, lo bajo, la parte delantera, la parte trasera, la derecha y la izquierda, las dos dimensiones del tiempo, el bien y el mal—. Desarrollan igualmente la noción de «viento de Dios» que encontramos en el Génesis, 1, 2: «La tierra era caos y confusión y oscuridad por encima del abismo, y un viento de Dios añeteaba por encima de las aguas». La primera *sefira* es el viento de Dios de donde procede el aire que crea el agua y el fuego y que se corresponden con el segundo, tercer y cuarto *sefirot*. Los otros seis restantes representan las seis direcciones del espacio. Los *sefirot* son emanaciones de Dios, Ideas platónicas, tal como expuso Filón de Alejandría: «Su palabra está en ellas (los *sefirot*) en la ida y en el retorno y a Su edicto corren como un torbellino y ante Su trono se prosternarán».

Igual que las Diez Palabras del Génesis forman el mundo, igual que los Diez Mandamientos son el origen de la humanización de la especie humana, los diez *sefirot* constituyen una doctrina de Dios Creador. Forman la estructura del mundo creado y la cábala intenta hacerlas inteligibles a través de una gran diversidad de imágenes que reflejan la unidad infinita de Dios.

El significado de las veintidós letras que Él ha «grabado y esculpido [y con las que] ha formado todo lo formado y todo el futuro que se formará» se da en los capítulos siguientes del *Sefer Ha Yetsira*. Las letras álef, mem y shin representan el fuego, el aire y el agua, pero también el tiempo de las estaciones (el verano, la primavera y el invierno) y las tres partes del cuerpo humano (cabeza, pecho, abdomen). Estas tres letras son conocidas como *letras madres* y adquieren nuevos significados en el último capítulo del *Sefer Ha Yetsira*.

Las siete consonantes que en hebreo tienen una doble pronunciación representan los siete planetas del cosmos, los siete días de la semana, los siete orificios de la cabeza, el templo y las seis direcciones del espacio, etc.

Las doce consonantes simples corresponden a los doce órganos principales del hombre, a las doce constelaciones del zodiaco, a los doce meses del año, etc.

Combinadas entre ellas, las veintidós letras del alfabeto forman «doscientas treinta y una puertas» en el origen de todo lo real (el universo, el tiempo, el cuerpo, los sentidos, el bien y el mal) y están allí por la misma manifestación del Nombre, de YHVH o de Dios.

Así pues, según el *Sefer Ha Yetsira*, se trata de la potencia de las letras, la energía contenida en las letras que han permitido la creación del mundo puesto que el mundo fue creado por la palabra de Dios. Diez veces aparece la expresión «Dios dijo» en el Génesis y con su voz creó la luz, el firmamento y las aguas, la tierra, los frutos de la tierra, los astros, los peces y los pájaros, los animales terrestres y el hombre.

El poder del verbo adquirió un carácter mágico. G. Scholem afirmaba que en este libro tal vez se hallaba en el origen del mito hasídico del Golem, «criatura de agua y de arcilla, de fuego y de aire, servidor dócil o rebelde», creado por el hombre para servirlo: «Al construir el Golem, el hombre ocupaba el mismo lugar que Dios cuando creó al primer hombre, si bien debió sustituir el aire de Dios por la potencia de la vibración de las letras del alfabeto hebraico» (M.A. Ouaknin, *op. cit.*).

Por lo tanto, el estudio de las letras es primordial para quienes desean comprender el misterio de Dios y de la creación y prepararse para la llegada del Mesías.

El estudio de las letras

El hebreo es una lengua que se crea a medida que se lee. El alfabeto sólo comprende veintidós consonantes y por ello el lector tiene que reconstruir las palabras añadiendo las vocales apropiadas. Un palabra escrita puede tener diversos significados y sólo la vocalización y el contexto le dan su significado original. Si las letras del rollo de la Torá no están puntuadas, «nos revela que su naturaleza no está circunscrita sino que es infinita, puesto que procede del Infinito, y nos enseña que las letras esperan nuestros comentarios y que estos pueden ser ilimitados» (A. Safran, *La Sabiduría de la cábala*). Las letras poseen una dinámica, una energía que es la propia energía de la creación, ya que son obra divina. Dios las utilizó para grabar la Torá sobre las tablas de piedra. Y es esta energía la que el cabalista intenta liberar para que el mundo continúe existiendo. De hecho, la palabra *existencia* en hebreo se escribe con las letras HVYH, las mismas que componen el Tetragrama (YHVH). Los estudios de las letras son por lo tanto primordiales para el cabalista puesto que lo conducen al conocimiento de Dios y a la comprensión de la existencia y la creación. La Torá vivirá eternamente, pues a través del estudio de las letras, permite contemplar el mundo a la luz de lo infinito. Este estudio se realiza siguiendo diversos procedimientos de entre los cuales los más importantes son la *guematria*, el *notarikon* y la *temura*.

La *guematria*

Cada letra hebraica representa un sonido, una cifra y, por lo tanto, un peso y un valor. De esta forma álef, la primera letra, vale 1; bet, la segunda, vale 2; guimel, la tercera, 3; etc. Cuando se analizan las palabras o expresiones según este método —la *guematria*— se consiguen resultados sorprendentes que «permiten desvelar el significado profundo, escondido y distinto de las palabras o las frases» *(Diccionario enciclopédico del judaísmo)*. Además, una palabra no está compuesta sólo de letras, de valores colocados uno al lado del otro y sumados, sino también de lo que separa las letras en cuestión.

Así pues, la palabra *shem* («nombre») está compuesta de la letra *shin* (300), de *mem* (40) y del espacio entre las dos, que es 260 (300-40), valor, a su vez, de la palabra *sar (samekh, resh)* que puede traducirse por «alejamiento». El nombre sólo adquiere su significado pleno si nos «alejamos» de su significado primero para comprender, para ver lo que subyace, para ver hacia dónde dirige el pensamiento. Esta interpretación está corroborada por el hecho de que estas dos letras *shin* y *mem* pueden leerse como *sham* («allí», «lejos»). M.-A. Ouaknin muestra de esta forma cómo estas múltiples palabras que encontramos en las genealogías bíblicas tienen que ser leídas para comprender no solamente el significado sino también todo lo que connotan.

M.-A. Ouaknin, a propósito de la riqueza de la lengua hebrea, explicaba que las medidas del arca que Dios ordenó construir a Noé «—300 codos para la longitud, 50 para la anchura, 30 para la altura— forman en hebreo la palabra *lachone (lamed* = 30, *shin* = 300, *noun* = 50), que significa "la lengua" y que se refiere tanto al órgano como al idioma de un país». Por otra parte, es necesario señalar que en hebreo si la palabra *teva* designa el arca, designa igualmente a la «palabra». En consecuen-

Letras hebraicas	Nombres y transcripciones de las letras		Valores numéricos
א	ALEF	'a	1
ב	BET	b	2
ג	GUIMEL	g	3
ד	DALET	d	4
ה	HE	h	5
ו	VAV	v	6
ז	ZAYIN	z	7
ח	ḤET	ḥ	8
ט	ṬET	ṭ	9
י	YOD	y	10

	KAF	k	20
	LAMED	l	30
	MEM	m′	40
	NOUN	n	50
	SAMEKH	s	60
	'AYIN	'	70
	PE	p	80
	TSADE	ts	90
	QOF	q	100
	RESH	r	200
	SHIN	sh	300
	TAV	t	400

VALOR NUMÉRICO DE LAS LETRAS

cia, quien entra en el arca entra también en la palabra, «en el interior de cada palabra o en el corazón de cada letra hebraica, constituida asimismo por otras palabras». «Entrar en la palabra» durante la plegaria y durante el estudio es el procedimiento cabalístico por excelencia.

El *notarikon* y la *temura*

Los otros dos procedimientos más empleados para «entrar en la palabra» son el *notarikon*, que consiste en formar una palabra con las letras iniciales o finales de las palabras de una frase —G. Casaril pone como ejemplo la palabra *Adán*, que revela la llegada de David y del Mesías en la medida en que incluye las iniciales de sus nombres— y la *temura*, que permite poner la palabra en movimiento, permutando cada una de sus letras. La tradición afirmaba que cada palabra poseía setenta caras.

Tales técnicas permiten que «el hombre dirija las letras», según la expresión del Rabí Lévi Itshaq de Berditchev citada por M.A. Ouaknin (*Concierto…*, *op. cit.*). El hecho de dirigir las letras puede comprenderse como una manera de orientar la meditación, de rechazar la contemplación pasiva el mundo, de participar activamente en su comprensión, de construir una cultura.

Por todo ello, el *Sefer Ha Yetsira* tuvo una repercusión extraordinaria en el mundo judío. Fue el texto fundador de toda la cábala meditativa medieval tanto en Oriente como en Occidente.

La emergencia
de la cábala

El desarrollo de la especulación mística se vio favorecida en Babilonia por el movimiento karaíta que surgió en el siglo VIII y que se opuso al judaísmo rabínico. Rechazaba la ley oral representada por el Talmud y anunciaba un retorno al único texto de la Torá —y, por consiguiente, la vuelta a Palestina— con el objetivo de adelantar la llegada del Mesías. De este movimiento nacieron textos redactados con el espíritu de los *Héchalot* y del *Shiur Koma*, toda una literatura apocalíptica relacionada con la llegada del Mesías, obras de tendencia gnóstica y finalmente, y de forma inevitable, obras de magia que pretendían utilizar el poder de las letras en provecho de los hombres. Todos estos textos dan testimonio de la abundancia y de la diversidad de las ideas en Oriente y en el Medio Oriente durante el periodo que vino después del final del Imperio romano y los inicios de lo que llamamos la Edad Media.

La preeminencia del Talmud babilonio en el siglo VIII corre parejo al apogeo de las escuelas judías mesopotámicas y al inicio de la expansión del pensamiento místico hebraico en Occidente, favorecida por la aparición del islam en el siglo VII —que se reconocía descendiente de Abraham de la misma forma que Israel se mostraba tolerante hacia la fe musulmana— y el rápido establecimiento de nuevas rutas comerciales en la cuenca mediterránea. La diáspora («dispersión») judía hacia las tierras más occidentales, iniciada ya durante los últimos siglos del imperio romano, se completó en esta época.

Senderos que se bifurcan

La diáspora del pueblo judío hacia Occidente siguió dos caminos. El primero partía de Italia, se desviaba hacia el norte de Francia y se dirigía hacia los países eslavos hasta llegar a Rusia. El segundo, siguiendo la estela del islam, alcanzó la península Ibérica y el sur de Francia, donde las comunidades judías encontraron un terreno favorable a su evolución ya que en un principio las relaciones entre el mundo musulmán y el mundo judío habían sido cordiales y fecundas desde el punto de vista intelectual.

En el norte de Europa las comunidades judías no tardaron en ser perseguidas a causa del extremismo cristiano alentado por las cruzadas. Los judíos no sólo se negaron a convertirse sino que abrazaron con más fervor sus tradiciones y se refugiaron en la Torá, el Talmud y la Midrash. Además, su situación les parecía propicia para la llegada del Mesías: «Soportar la vergüenza y el escarnio es un aspecto esencial de la manera de vivir del verdadero devoto [...]. Es la verdadera imitación de Dios» (G. Scholem, *Las grandes corrientes de la mística judía*). Mantenidos en la parte inferior de la escala social, crearon una forma de vida y de pensamiento particular, el hasidismo, en el que el ideal de piedad era el miedo y el amor de Dios, es decir, la sumisión total a su voluntad. Este ideal se manifestaba a través de una vida santa, la contemplación, la meditación, la aceptación de los sufrimientos más vivos —puesto que «la recompensa es proporcional al sufrimiento» (R. Goetschel, *La cábala*)— y la plegaria —que sólo tenía valor si las palabras alcanzaban a Dios. Era necesario utilizar las palabras con su verdadero sentido para que se correspondieran bien con las ideas que expresaban. Sólo el análisis del texto bíblico mediante los procedimientos de la *guematria*, del *notarikon* y de la *temura* permitía encontrar de nuevo la autenticidad de la plegaria y revitalizar su estructura profunda.

El hasidismo moldeó de forma particular y duradera las comunidades judías del norte de Europa, pero no las separó de las comunidades del sur de Francia y de España donde un misticismo de forma más especulativa, la cábala, se desarrollaba. Como entre Jerusalén y Babilonia, se produjeron intercambios constantes entre los judíos del Norte, los *ashkenaz*, y los judíos del sur, los *sefarats*.

Y si la forma de rezar hasídica influyó en el cabalista Abraham Abulafia, las teorías de Rabí Isaac Luria gozaron, en las comunidades de Alemania y de Europa del Este, de una gran popularidad. Adaptadas, en el siglo XVIII, a las tradiciones de los askenazíes por Baal Shem Tob, el «Maestro del Buen Nombre», dieron lugar al hasidismo moderno que se desarrolló a lo largo del siglo XIX con una civilización, un folklore y una literatura de la que dieron razón los pogrom rusos y la Segunda Guerra Mundial.

En la Europa del Sur, las condiciones de vida permitieron la profundización de este «Conocer-Dios»[8], empezado con el Talmud y continuado, ya dentro de la mística, con la literatura de los *Héchalot* y el *Sefer Ha Yetsira*, una profundización al que se le da, desde el siglo XII, el nombre de cábala.

La cábala se desarrolló en Provenza y Languedoc, luego en Cataluña y Castilla. Allí fue donde se compuso, en el siglo XIII, el *Zohar*, el mayor libro de la mística judía, que nunca dejó de brillar.

Los inicios de la cábala en Provenza y Languedoc

La cultura y la religión islámicas en medio de que vivían los sefarat tuvieron un papel muy importante en la elaboración de la cábala, y evidentemente en todo el pensamiento judío. De esta forma, en el siglo XI, Baya Ibn Paquda escribió en árabe la *Introducción a los deberes de los corazones* donde, al lado de consideraciones sobre la existencia, la unidad y la eternidad de Dios —en definitiva clásicos—, aparece la ne-

8. Expresión que se ha tomado prestada de G. Casaril.

cesidad de abandonarse físicamente al amor de Dios para obtener la perfección espiritual, una innovación de procedencia sufí.

Pero no es tanto el éxtasis lo que van a buscar los hombres de la cábala como el *devekuth*, es decir, la conformidad a la voluntad divina, la unión a Dios en el respeto de la distancia que separa al Creador de su criatura, la interiorización de la presencia divina en sí mismo, que depende necesariamente del conocimiento y la inteligencia de Dios.

A finales del siglo XII apareció en Provenza una pequeña obra, el *Sefer Ha Bahir*, el *Libro de la claridad*, donde se realiza una interpretación distinta del descenso místico y se sugieren nuevas imágenes en las que se ampararán los cabalistas posteriores.

El *Sefer Ha Bahir*

El *Sefer Ha Bahir* mezcla distintos textos que pueden ser tanto comentarios de la Biblia como preceptos o fragmentos del *Sefer Ha Yetsira*. Presenta el mundo como un árbol plantado por Dios: «Yo soy aquel que ha plantado este árbol… y he dado forma con él en todo y lo he nombrado "Todo" puesto que el Todo está unido a él y el Todo viene de él» (traducción de G. Scholem). Más adelante, el libro precisa que este árbol es en realidad «todas las formas de Dios situadas una por encima de la otra», que está alimentado por el agua de Dios, es decir, por la sabiduría (*hochma*) y que sus frutos son las almas de los justos de Israel en medio de los cuales habitaba la *schekina*, es decir, la presencia divina en el mundo. El árbol que fue plantado por Dios se ha convertido en la su imagen. De hecho, el *Bahir* es una compilación plagada de símbolos e imágenes no siempre fáciles de interpretar.

La actividad creadora de Dios ya no pertenece al ámbito de la numeración, como los *sefirot* del *Sefer Ha Yetsira*, sino al ámbito de la palabra, de las Palabras, de los *maamaroth*. El término *sefirot* debe tomarse en el sentido de la palabra *sappir*. *Saphir* ya no alude los diez números primordiales, sino al reflejo de la Gloria de Dios o, incluso, al propio Dios.

Los *maamaroth* son diez, como los *sefirot* del *Sefer Ha Yetsira* y, como ellos, forman dos grupos. Los tres *maamaroth* superiores representan la entidad divina: la corona suprema o pensamiento de Dios, la sabiduría de Dios (*hochma*), inicio o Torá primordial, y la madre de los mundos (*bina*) que da lugar a los siete *maamaroth* inferiores. Estas corresponden a los siete días de la creación, a las siete partes de un cuerpo parecido al cuerpo humano y son también «símbolos antropológicos, cosmológicos y morales» que forman un conjunto un tanto confuso. Sin embargo, es posible comprender que la séptima *sefira* simboliza lo justo, el fundamento de los mundos y de las almas, el sabbat, el falo, y debe considerarse como el principio masculino, puesto que el principio femenino está representado por la décima *sefira*, la *schekina*, que simboliza al mismo tiempo la esposa, la hija del rey y la comunidad de Israel. Es también la «yema que produce los años», la fuente del tiempo. El *Bahir* insiste igualmente sobre la necesidad de la meditación —y ya no sobre la única concentración de espíritu tal como la preconizaban los antiguos rabinos[9].

Isaac el Ciego

Desde Provenza, la cábala llegó hasta la ciudad de Gerona, tras difundirse por Languedoc,

9. Si se desea más información acerca del *Sefer Ha Bahir*, puede consultarse la obra de R. Goetschel, *La cábala*.

donde se habían fundado comunidades místicas. Según sus miembros, la plegaria no puede dirigirse directamente a Dios, que está escondido y es trascendente, sino a sus emanaciones, la *sefira Bina*, fuente de la existencia, y la potente *Tiferet*, que rige todo lo que es necesario para el hombre. No se trata de contemplar a Dios sino de comprenderlo y de elevarse hacia él a través de la meditación.

Isaac el Ciego (1165-1235) es la figura central de este movimiento. Sólo se le conoce por su comentario del *Sefer Ha Yetsira* y lo que han dicho sus discípulos. Se dedicó a meditar sobre la noción de divinidad: «A partir de las esencias formadas [el que medita] consigue llegar a una meditación sobre las esencias no formadas y sobre la interioridad del pensamiento que les afecta, llega a su causa en *En Sof*» (*Comentario del Sefer Ha Yetsira*, I, 1. Traducido por R. Goetschel).

Ha aportado a la cábala la noción capital de *En Sof*, el punto escondido, desconocido e irreconocible, donde reside la divinidad. Se trata del Sinfín, el Infinito absoluto fuera del cual nada puede existir. *En Sof* se encuentra más allá del pensamiento divino que constituye, ella, la primera *sefira* de la que provienen la sabiduría (*hochma*) y la palabra (*dibbur*) que se divide en varios lenguajes que corresponden a los siete *sefirot* inferiores. En este contexto, los *sefirot* desempeñan el mismo papel que los *maamaroth* del *Sefer Ha Bahir* y muestran que no existe separación real entre las cosas y la palabra, mientras que su encadenamiento demuestra la continuidad entre lo que está arriba y lo que está abajo: «Él está unido a todo y todo está unido a Él».

En cambio, la meditación permite percibir la tensión que existe en el propio seno de la divinidad, una tensión que se traduce de forma a través de la ausencia del Templo, que impide el culto, y a través de las dualidades entre cuerpo y alma, consonante y vocal, femenino y masculino. Esta tensión en el seno de la divinidad es el signo de una imperfección en sí misma que el hombre debe reparar a través de la plegaria y la meditación sobre el Tetragrammaton. Esta reparación, este *tikkoun*, sólo es válido si se realiza con intención, si está acompañado por la *kawwana*, es decir, el deseo de acercarse a la divinidad. El *tikkoun* es la condición previa para la reparación del mundo inferior, a la llegada del Mesías.

Por ello la meditación reviste tal importancia en los cabalistas: los sitúa en posición de comprender la voluntad divina y de actuar a través de sus plegarias y sus *mitsvot* a escala cósmica dando «existencia a una parte de Dios [...], si se puede hablar de esta forma» (Menachem Reccanati, inicios del siglo XIV, citado por G. Scholem).

Gracias a Isaac el Ciego se desarrolló una escuela de cabalistas que propagó la cábala por toda la península Ibérica desde la ciudad de Gerona.

La cábala en España

La comunidad judía de Gerona, situada bajo la autoridad de Azriel y luego bajo la de su discípulo Moisés Ben Nachman, era una de las más importantes de la península. Su tarea principal fue la sistematización de la cábala: reunió de forma lógica todos los elementos místicos, las ideas, las enseñanzas personales y tradicionales recibidas y transmitidas a lo largo de muchas generaciones, para hacer de la cábala un todo orgánico. Esta compilación se realizó a partir de la Torá, el libro de Job, el *Cantar de los Cantares* siguiendo las indicaciones del *Sefer Ha Yetsira* y del *Sefer Ha Bahir*.

Dios es *En Sof* el Infinito. El mundo, al estar acabado y ser imperfecto, sólo puede proceder de él a través de los intermediarios, es decir, de los *sefirot*.

Por ellos, Dios «irradia los elementos del universo sin disminuir Su poder, de la misma forma que el Sol irradia la luz y el calor sin agotar» (I. Epstein, *op. cit.*).

Los cabalistas de Gerona fueron acusados de heterodoxia. No obstante, conciliaron las distintas doctrinas místicas que propugnaban una creación *ex nihilo* y la emanación a partir de Dios.

Abraham Abulafia

Abraham Abulafia es el último representante de la cábala extática y el iniciador de un método de meditación. Nacido en Zaragoza en el año 1240, es el contemporáneo de Moisés de León, el redactor del *Zohar*.

Recibió una educación judía tradicional. Gracias a sus numerosos viajes por Oriente, Grecia e Italia, entró en contacto con las corrientes filosóficas de su época. Se proclamó descendiente de Maimónides, el filósofo y médico judío de Córdoba (finales del siglo XII) del cual admiraba su rigor lógico, y se apasionaba por las doctrinas místicas y especialmente por el *Sefer Ha Yetsira*, al cual fue iniciado por Baruch Togarmi.

Hizo suya la teoría de la creación del mundo a través de las letras, teoría central del *Sefer Ha Yetsira*, pero la amplió diciendo que todo es divino porque todo ha sido nombrado por Dios. Sin embargo, sólo los profetas pueden entender este lenguaje divino porque han sabido liberarse del sentido primero de las palabras, porque han sabido elevarse por encima de la palabra cotidiana. Y elevarse hacia lo divino es, para Abraham Abulafia, utilizar técnicas que permiten ir más allá de uno mismo, que permiten que el alma se eleve.

No tardó demasiado en tener visiones proféticas. Pronto fue capaz de alcanzar, por la voluntad de Dios, el nivel en el que se unen la inteligencia humana y la inteligencia divina. Esto le había valido el odio de numerosos judíos, cabalistas o judíos ortodoxos: «Me llaman hereje y no creyente porque había decidido adorar a Dios en la verdad y no como los que erran por la oscuridad» (citado por G. Scholem, *Las grandes corrientes de la mística judía*).

Sin embargo, contó con numerosos discípulos para los que redactó manuales de meditación como *Libro de la vida eterna*, *Luz de la inteligencia*, *Palabras de belleza*, *Libro de la combi-*

nación (Sefer Ha Tseruf) en los que expone su técnica, el *tseruf*, la ciencia de la combinación de las letras.

Esta última técnica se utilizaba como apoyo a la meditación puesto que era, según Abulafia, el medio más apropiado para desligar el alma de cuanto le impide acceder a lo divino. La meditación necesita de la contemplación de un objeto lo bastante abstracto como para que pueda evadirse del mundo cotidiano. El objeto más apropiado era el alfabeto hebreo. Las letras son objetos visibles, cotidianos y a la vez abstractos, puesto que permiten expresar ideas. Son, además, objetos divinos, ya que han escrito la Torá y con ellas puede transcribirse el nombre de Dios. Son, por lo tanto, el mejor camino para llegar a Él.

La meditación sobre las letras se realizaba de forma progresiva. Había que considerar primero la pronunciación *(mivta)*, después la escritura, la forma de las letras, su diseño *(michtav)* y finalmente el pensamiento *(machshav)*. A continuación se pasaba a la combinación de las letras, de su asociación libre con el objetivo de «atrapar nuevas cosas que [no seríamos] capaces de conocer por la tradición humana [...] y de prepararnos para recibir la influencia de la potencia divina». Finalmente, era necesario «aplicar el espíritu a comprender con el pensamiento las cosas que vienen a la memoria a través de las letras [que hemos imaginado]». Es entonces cuando la influencia de la potencia divina penetrará en el cabalista: «Todo tu corazón se sentirá afectado por un temblor extremadamente violento, de manera que pensarás que vas a morirte, puesto que tu alma, contenta por el conocimiento que tiene, abandonará tu cuerpo» (citado y traducido por G. Scholem, *op. cit.*).

Para Abraham Abulafia, la meditación y el éxtasis que se derivan de ello tienen que encontrarse siempre bajo el control del místico. Rechaza violentamente todo lo que se desprende del delirio.

Y para apoyar mejor su doctrina de la meditación controlada por el *tseruf*, realiza una comparación con la composición musical en la que la melodía es el resultado de una combinación armoniosa de las notas. Así como el músico debe poseer conocimientos precisos, el místico tiene que ser sabio e intuitivo. Sólo de este modo puede utilizar el *tseruf* y alcanzar el éxtasis, es decir, entrar en comunión con lo divino, identificarse con él. «Ella (la Torá) se encuentra completamente en ti puesto que tú estás completamente en ella».

La potencia de las letras demostrada por Abulafia y la acción de los *mitsvot* sobre la divinidad tal como la define Isaac el Ciego se han alejado a menudo de su objetivo —conocer a Dios— y han sido utilizadas con fines mágicos por ignorantes o por personas poco escrupulosas. La meditación tiene que ser guiada siempre por un maestro experimentado.

El prestigio de Abulafia fue tal, que muy pronto se constituyeron centros de estudio en Castilla, Aragón y Al-Andalus. A partir del año 1293, aparecieron las primeras copias del *Sefer Ha Zohar*, el *Libro del esplendor*. Pocas veces una obra de mística ha tenido tanto éxito entre comunidades religiosas tan diferentes como la hebrea y la cristiana. La traducción francesa de Jean de Pauly, realizada en el siglo XVI (y en vigor hasta no hace demasiados años), contaba con 3.314 páginas. No en vano, la obra ha sido considerada durante mucho tiempo como un texto tan importante para el judaísmo como la Torá o el Talmud.

Moisés de León y el *Sefer Ha Zohar*

El *Sefer Ha Zohar* es ante todo una hagiografía de Rabí Simeón Bar Yochai. Redactado en he-

breo y en arameo —si bien repleto de neologis-
mos cultos—, presenta bajo forma midrásica,
es decir, como si fuese un comentario grandilo-
cuente, las enseñanzas de Rabí Simeón Bar Yochai sobre el Pentateuco, una tradición oral que
se transmitió de generación en generación desde el siglo II d. de C.

La obra aborda las cuestiones eternas sobre
la naturaleza de la divinidad, los misterios de la
creación, los misterios de los Nombres divinos,
la naturaleza del hombre, el significado del
mal, la llegada del Mesías y la Redención. Los
trata bajo forma de discusiones apasionadas
entre Rabí Simeón, su hijo Rabí Eleazar y sus
discípulos.

El conjunto se presenta sin plan aparente,
con un gran desorden, en un revoltijo poéti-
co, donde se mezclan pensamientos, anécdo-
tas, retratos, alegorías, comentarios de la Torá y
ensayos sobre el Nombre y también sobre el
alma.

«Está escrito: "Al principio". Rabí Eleazar
abrió una de sus conferencias mediante el siguiente exordio: "Alzad los ojos y considerad
quién ha creado esto" (Isaías, 40, 26). "Alzad
los ojos", ¿hacia qué lugar? Hacia el lugar al
que todas las miradas se dirigen [...]. Allí
aprenderéis que el misterioso Anciano, eterno

objeto de las investigaciones "ha creado esto". ¿Y quién es? "Mi" [Quién] es el llamado la "extremidad del cielo" (Deuteronomio, 4, 32) arriba, puesto que todo se encuentra bajo su poder. Y porque es el eterno objeto de investigaciones, porque se encuentra en un camino misterioso y porque no se descubre, recibe el nombre de "Mi"; y más allá no se debe profundizar».

«Esta extremidad superior del cielo recibe el nombre de "Mi". Pero existe otra extremidad abajo llamada "Mâ" [Qué]. ¿Qué diferencia existe entre una y otra? La primera, misteriosa, llamada "Mi", es el eterno objeto de las investigaciones; y después de que el hombre ha realizado sus investigaciones, después de haberse esforzado en meditar y remontar paso a paso hasta el último, acaba llegando a "Mâ". ¿Qué has aprendido? ¿Qué has entendido? ¿Qué has buscado? Puesto que todo es igual de misterioso que antes» (*Zohar*, I, 1a-1b)[10].

Estas primeras líneas del *Zohar* marcan el tono de toda la obra.

Aunque el *Zohar* sólo se presenta como un comentario de la Torá, encontramos numero-

---

10. Todas las citas del *Zohar* se han extraído, salvo indicación contraria, de la traducción de Jean de Pauly.

sas enseñanzas obtenidas del Talmud, de la literatura de los *Héchalot*, del *Sefer Ha Yetsira* y del *Sefer Ha Bahir*. Además, la Palestina de la que habla es ficticia: las descripciones son bastante vagas y pueden referirse a cualquier país mediterráneo: «Continuando con su viaje llegaron a la cima de una colina. El sol se ponía. Las ramas de los árboles en la colina empezaban a moverse, a hacer ruido y a entonar cantos de alabanza» (citado por G. Casaril).

En un primer momento, todos estos indicios nos llevaron a concluir que el *Zohar* no podía ser completamente la obra de Simeón Bar Yochaï y que se trataba de una compilación de textos de distintas épocas de entre las cuales algunas eran muy antiguas, puestas en circulación por un cabalista del siglo XIII, Moisés de León (1240-1305). Se lo conocía por sus escritos cabalísticos, el *Shushan Eduth (La Rosa del testimonio)* y el *Sefer Ha Rimmon (Libro de la granada)* en los que encontramos numerosas similitudes con el *Midrash Ha Neelam*, uno de los tratados del *Zohar*.

Un estudio cuidadoso de la lengua, el estilo, las referencias del *Zohar* así como de la obra de Moisés de León y otros cabalistas españoles de la época, han llevado a Gershom Scholem a concluir que este último era de hecho el autor de la mayor parte del *Zohar*, aunque lo negó. Según él, sólo había presentado las enseñanzas de Simeón Bar Yochai tal como las había reunido y transmitido a sus discípulos bajo el título de *Midrash de Rabí Simeón Bar Yochaï* del que poseía el original: «Rabí Simeón dijo: "Este momento es propicio y quiero entrar en el mundo futuro sin avergonzarme. Así pues, voy a revelar delante la *schekina* cosas sagradas que no se han revelado hasta el momento, para que nadie pueda decir que he abandonado este mundo sin haber terminado plenamente mi misión sobre la tierra, habiendo guardado estos misterios en mi corazón para llevarlos conmigo en el mundo futuro. Mientras os hable, Rabí Abba pondrá mis palabras por escrito; mi hijo Rabí Eleazar las repetirá y los demás condiscípulos meditarán en silencio"» (*Zohar*, III, 287b).

El *Sefer Ha Zohar*

El *Zohar* está distribuido en cinco libros y una veintena de tratados.

Tres libros se refieren al *Zohar* propiamente dicho; un cuarto, el *Tikkouné Zohar* (*Comple-*

mentos del Zohar), da, entre otras, setenta interpretaciones de la primera palabra del Génesis: *Bereshit*. Un quinto libro, más tardío, el *Zohar Hadash (Nuevo Zohar)*, reúne fragmentos de textos publicados de forma tardía en Safed, en el siglo XVI. Es posible que estos dos últimos libros no provengan de las manos de Moisés de León sino de las de uno de sus discípulos poseedor de un conocimiento profundizado del *Midrash Ha Neelam* y del *Zohar* propiamente dicho.

Estos tratados son independientes, si bien la personalidad de Rabí Simeón es tal, que forman una unidad.

En la *Idra Rabba (Gran Asamblea)*, Rabí Simeón revela a sus discípulos los misterios de la divinidad que describe al estilo del *Shiur Koma*. Esta revelación continúa en la *Idra Zutta (Pequeña asamblea)* que cuenta igualmente la muerte de Rabí Simeón. La *Idra di-be-Mashkana (Asamblea en ocasión de una lección en relación con la sección de la Torá sobre el Tabernáculo)* trata de la mística de la plegaria. *Sava (El viejo)* aborda los misterios del alma, mientras que el *Rav Methivtha (El jefe de la academia)* describe un viaje visionario a través del Paraíso y se interroga sobre los destinos del alma. El *Sithre Othioth (Los misterios de las le-*

tras) es un comentario sobre las letras que componen los nombres de Dios y una reflexión sobre los orígenes de la creación. El *Midrash Ha Neelam (Midrash escondido)* trata del destino del alma antes y después de la muerte. Este tratado fue escrito casi con toda seguridad entre el año 1275 y el 1280 y se puede considerar como el prototipo del *Zohar*. El *Raya Mehemma (El fiel pastor)* es una interpretación cabalística de las órdenes y de las defensas de la Torá. Otros tratados tratan de fisionomonia, de quiromancia y de angeología.

El conjunto del *Zohar* constituye una suma de la literatura cabalística del siglo XIII que alcanza en ese momento su edad de oro. Algunos piensan que fue escrito como reacción al aspecto filosófico, así pues abstracto y árido, que tomaba el judaísmo bajo la influencia de una filosofía aristotélica que conquistaba toda Europa, los ámbitos judíos incluidos, como lo demuestra la obra de Maimónides, por ejemplo. Bajo la égida del santo Rabí Simeón Bar Yochai, el *Zohar* se convirtió rápidamente en el libro de referencia de los cabalistas.

Pero no es tanto en el *Zohar* en sí mismo que encontramos una visión de conjunto del sistema de la cábala como en los comentarios que se han llevado a cabo —principalmente por Josef Gikatila en el *Shaaré Orah, las Puertas de la luz*— y que algunos ven por otra parte como coautor del *Zohar*— y más tarde por Moisés Cordovero, en Safed, en el siglo XVI.

SEGUNDA PARTE

DOCTRINA

La cábala
de la edad de oro

Es imposible paralizar a la cábala: está viva, se presta a todos los comentarios y a todas las épocas pero con una condición primordial: sólo a través de los preceptos de la ley. *Zohar* y cábala son inseparables de la Torá.

La Torá según los cabalistas

Según la tradición cabalista, relatada por Moisés Ben Nachman, la Torá, antes de ser entregada a Moisés, ardía ante Dios en letras de fuego negras sobre fuego blanco. El fuego negro representa la Torá oral, el fuego blanco la Torá escrita que sólo se vuelve leíble al iluminarla con el fuego negro de la Torá oral. Además, esta Torá («fuego negro sobre fuego blanco») estaba escrita de forma continua, sin división entre las palabras, de manera que lo que leemos es lo que Moisés nos ha transmitido y no lo que sólo él contempló, la Torá mística «escondida en la forma invisible de la luz blanca» (G. Scholem). Esta Torá escondida es la que buscan incansablemente generaciones de místicos en la cábala. Esta Torá escondida es el objeto del *Zohar*, una palabra que significa literalmente «brillo». Un cabalista de Safed, Haïm Vital, afirmó que el resplandor de la luz divina que brilla en la Torá se refleja en los misterios del *Zohar*.

Para hacer comprender la forma en la que conciben la Torá y su papel en el mundo, los cabalistas han recurrido a numerosas imágenes de las que las dos más importantes son las del organismo vivo y la del árbol. Como cualquier organismo, «la Torá está compuesta por miembros y por junturas que se encuentran en una relación jerárquica y cuando se encuentran dispuestas en un orden correcto forman un único organismo» (*Zohar*, I, 134 b; citado por G. Scholem, *La Cábala y su simbolismo*). Como un árbol, «está compuesta por ramas y por hojas [...] y contiene muchos elementos interiores y exteriores, y todos forman una única Torá y un único árbol sin que exista ahí una distinción» (Moisés de León, *Sefer Ha Rimmon*; citado por G. Scholem, *La cábala y su simbolismo*).

Todas estas imágenes se reúnen en la fórmula: la Torá es el Árbol de la vida, es el Árbol cuyas raíces tocan el cielo, el infinito.

En el *Zohar* encontramos, formulada por primera vez, la concepción de las cuatro vías de entrada y de comprensión de la Torá: el *psatt*, el *remesh*, el *drach* y el *sod*. Para llegar hasta Dios, hasta el misterio, hasta el secreto *(sod)*, es necesario partir del sentido literal *(psatt)*, atravesar el sentido alusivo *(remesh)* y luego el sentido talmúdico *(drach)*. El acceso al Paraíso —palabra formada por las letras iniciales pe, erre, de y ese de la palabra *pardès* (que significa el «pastor místico»)— se reserva sólo a los místicos. Estos cuatro caminos muestran que no debemos detenernos sólo en las palabras: las palabras son sólo los vestidos de la Torá.

«Rabí Simeón dijo: "Si un hombre considera la Torá como una simple colección de historias y de cuestiones cotidianas, ¡ay de él! Este tipo de escritura que trataría de cuestiones banales, e incluso un texto mejor, también nosotros podríamos redactarlo [...]. Pero la Torá, en cada una de sus palabras, esconde verdades supremas y secretos sublimes [...]. Pero el mundo no podría soportar la Torá si no hubiera revestido los hábitos de este mundo. De esta forma, las historias que cuenta la Torá son sólo vestimentas externas, y ay de aquel que considere que este hábito es la propia Torá"». Más adelante leemos: «Sus historias que describen las cosas del mundo componen el hábito que cubre el cuerpo de la Torá [...]. Los hombres sin entendimiento sólo ven las historias, los vestidos; los que tienen un poco más de sabiduría ven también el cuerpo. Pero los verdaderos sabios, los que sirven al Rey Muy Alto, los que se encontraban en el monte Sinaí, penetran hasta el alma, hasta la Torá verdadera que es la raíz fundamental de todo» (*Zohar*, III, 152 a; texto citado por G. Scholem).

Ahora bien, los «verdaderos sabios» que se encontraban en el monte Sinaí eran seiscientos mil. Así pues habría, deducen los cabalistas, seiscientos mil aspectos e interpretaciones posibles de la Torá.

Joseph Gikatilla demuestra de forma distinta la inagotable riqueza de contenido de la Torá. Para él es como una fuente que no se agota nunca y que ningún cántaro puede vaciar. Ahora bien, la palabra *cántaro*, *kad*, equivale a 24, lo cual lleva a pensar que los veinticuatro libros del canon bíblico no son suficientes para agotar el sentido de la Torá, «la profundidad y la plenitud del Ser escondido de la divinidad que se manifiesta a través de los libros de la Biblia».

Para el cabalista, la Torá es la «vida escondida en Dios». Cada palabra de la Torá es un símbolo de esta vida, una enseñanza del Nombre de Dios, YHVH. La permutación de las letras, su combinación, han permitido la constitución del texto a partir del único nombre YHVH. Las letras de la Torá forman por lo tanto el cuerpo de la divinidad: «Tu Nombre está en Ti y en Ti está Tu Nombre» y la Torá está «tejida» por el Tetragrammaton. La Torá no está separada de Dios, representa su potencia y puede estar considerada como el instrumento de la creación, un instrumento que es de hecho el Nombre Sublime de Dios.

Dios

Dios está escondido, más allá de todo. Dios está por todas partes. No tiene fin, es Infinito. *En Sof*. La cábala retiene esta definición de Isaac el Ciego, pero añade la noción de *Aïn*, Nada, puesto que Dios es «no existente en relación con mi existencia. Este *Aïn* se manifiesta como *Ani*[11], como Yo. Se dirige al hombre. Dios existe sin que su existencia implique necesaria-

11. Pronombre personal de primera persona del singular.

mente la del mundo o la mía. El mundo y yo mismo somos dones que el Creador se ha ofrecido y nos ha ofrecido» (A. Safran).

El *Zohar* precisa que, en el momento de la creación, «una llama oscura se elevó del misterio de *En Sof*, el Infinito, como un vapor que se forma de lo informe [...]. Desde el centro más secreto de la llama surgió una fuente escondida en el secreto misterioso de *En Sof* [...]. No podía conocerse antes de que un punto supremo y secreto hubiera hecho resplandecer su luz bajo la acción de la última abertura. Más allá de ese punto, no se puede conocer nada. Es por esta razón que recibe el nombre de *reshith*, inicio —la primera de las [diez] palabras con las que se creó el universo» (*Zohar*, I, 15 a; citado por G. Scholem).

Bereshit Bara Elohim, las primeras palabras del Génesis, tienen que entenderse no como «A principio Dios creó» sino como «Al principio [el más allá del punto] creó Dios». *Elohim* es objeto y no sujeto. En la Torá leída por los místicos, Dios se autorrevela. De esta forma se acercan a los sabios del Talmud: Dios no puede ser ni demostrado, ni verificado, ni experimentado. Se revela en su creación.

Su mundo es doble pero único al mismo tiempo, «como el carbón y la llama» dice el

Zohar (III, 70 a). Y de la misma forma que el carbón sólo puede manifestar su energía si se incendia, sólo es posible aprehender a Dios a través de sus manifestaciones y sus emanaciones. El *Zohar* expresa igualmente esta dualidad (que no lo es) transformando la imagen del árbol plantado por Dios en el mismo Dios. «Se trata del árbol en el que se cruzan las fuerzas de Dios» (G. Scholem, *La Cábala y su simbolismo*). Lo que una filosofía traduce por: «La creación divina es el paso del Pensamiento al Verbo, la palabra tiene como función manifestar el pensamiento» (Éliane Amado Lévy-Valensi). El mundo secreto de Dios es un mundo del lenguaje en el que «las letras y los nombres no son sólo medios convencionales de comu-nicación. Son algo más que eso. Cada uno de ellos representa una concentración de energía y expresa una plenitud de sentido que es ab-solutamente imposible traducir[12] en la lengua humana» (G. Scholem, *La Cábala y su simbo-lismo*).

12. Los instrumentos de traducción son la *guematria*, el *noyarikon*, el *tseruf*, que pueden «girarse y girarse hacia todas sus caras, con la esperanza de que se escape una luz, palparse y escuchar sus sonoridades para percibir el secreto de su sentido» (V. Jankélévitch, citado por M.-A. Ouaknin, *Concierto para cuatro consonantes sin vocales*).

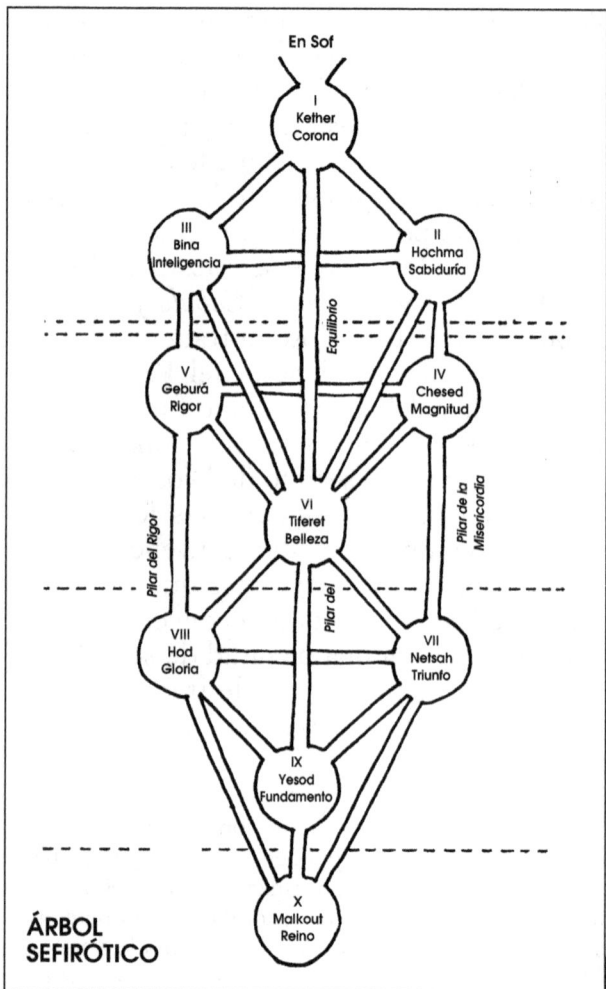

ÁRBOL
SEFIRÓTICO

En Sof

I
Kether
Corona

III
Bina
Inteligencia

II
Hochma
Sabiduría

Equilibrio

V
Geburá
Rigor

IV
Chesed
Magnitud

Pilar del Rigor

Pilar de la
Misericordia

VI
Tiferet
Belleza

VIII
Hod
Gloria

Pilar del

VII
Netsah
Triunfo

IX
Yesod
Fundamento

X
Malkout
Reino

Los *sefirot*

Dios se deja aprehender a través de su creación, es decir, por mediación de sus emanaciones o de sus atributos, los *sefirot*, que simbolizan su potencia creadora y que son igualmente
aspectos distintos de su potencia. Los *sefirot*,
que son diez, expresan las diez fases de la vida
divina, diez formas de concebir a Dios. No son
independientes unos de los otros, sino que se
comunican entre sí. La *sefira* superior está
abierta hacia *En Sof*, la penúltima hacia el mundo creado que constituye la última *sefira*. Se
contienen las unas a las otras y todas ellas están
contenidas en el *En Sof*, del cual emanan. Para
el *Zohar*, son «las coronas supremas del Rey
Santo» (III, 30 b), forman «las caras del Rey»
(II, 86), son los vestidos de la divinidad (III,
7 a), son su Nombre.

Tradicionalmente, los *sefirot* están represen-
tados por círculos concéntricos, dispuestos ver-
ticalmente, unidos los unos a los otros por
veintidós caminos que designan las letras del
alfabeto y permiten la circulación del influjo divino, de la corriente divina, de la energía divina
que proviene de *En Sof*.

De arriba abajo encontramos un primer grupo de tres *sefirot* dispuestos en triángulo. Se tra-

ta de *Kether* (la Corona), *Hochma* (la Sabiduría, a la derecha) y *Bina* (la Inteligencia, a la izquierda). Estos tres *sefirot* superiores están designados por las letras álef, yod y noun, que forman la palabra *aïn* («nada»). Se trata de los tres *sefirot* del mundo divino.

Por debajo se encuentran los siete *sefirot* del mundo creado: *Chesed* (la Magnitud, a la derecha), *Geburá* (el Rigor, a la izquierda), que convergen en *Tiferet* (la Belleza) o *Rachamin* (la Bondad). Forman un triángulo invertido en relación con el triángulo del mundo divino. *Tiferet* se encuentra en el lugar opuesto a *Kether*.

Luego se dibuja el triángulo formado por *Netsah* (el Triunfo, a la derecha), *Hod* (la Gloria, a la izquierda) y *Yesod* (el Fundamento). Y de *Yesod*, los nueve *sefirot* convergen en *Malkut*, el Reino, que se encuentra en el lado opuesto de *Kether*.

También se pueden leer los *sefirot* de derecha a izquierda. Se distinguen entonces tres pilares. En la derecha, el Pilar de la Misericordia, formado por *Hochma*, *Chesed* y *Netsah*. En la izquierda, el Pilar del Rigor, constituido por *Bina*, *Geburá* y *Hod*. El Rigor limita a la Misericordia puesto que «la expansión infinita no alcanzará ningún efecto práctico si una noción de limitación no la modelara al mismo tiempo»

(É. Amado Lévy-Valensi). Y en el centro, equilibrando el conjunto, el Pilar del Equilibrio, constituido por las letras *Kether*, *Tiferet*, *Yesod* y *Malkut*. La unión de estos tres pilares forma el mundo y si el equilibrio se rompe, cuando el Rigor gana sobre la Misericordia, entonces aparece el Mal que el hombre debe reparar.

Este es el esquema inicial que representa la vida secreta de la divinidad, las fuerzas misteriosas que se sitúan en el origen de la creación. Pero aunque los *sefirot* definen al principio los atributos de Dios, designan también las distintas esferas de la vida humana, puesto que el hombre ha sido creado a imagen de Dios; como consecuencia de ellos, los *sefirot* representan igualmente el esquema, el modelo sobre el que se basa todo lo que se crea, manifestado por el hombre y para el hombre.

El mundo alegórico de los *sefirot*

Encontramos en el *Zohar* y en los comentarios que ha suscitado desde su puesta en circulación, todas las imágenes de la literatura de la *Merkaba*, del *Sefer Ha Yetsira* y del *Sefer Ha Bahir*. Pero están desarrolladas, comparadas, pensadas de nuevo y testimonian la profundización de la vida interior del hombre —es decir de su elevación hacia Dios— que lo lleva siempre más lejos en el conocimiento de lo divino y de la creación.

Los *sefirot* constituyen cuatro mundos: el mundo de *Atsiluth* o mundo de la Emanación, el mundo de *Beria* o de la Creación, el mundo de *Yetsira* o de la Formación y el de *Asiyah* o de la Acción. Estos cuatro mundos corresponden a las cuatro letras del Tetragrama YHVH; a los cuatro elementos constitutivos de la creación: aire, fuego, agua, tierra; a los cuatro estados del hombre: voluntad, intelectualidad, emoción y acción.

Los *sefirot*, llamados igualmente «rayos de luz», son las «cualidades y los agentes de Dios» (I. Epstein). Cada uno de ellos tiene un rango, un papel, pero participan todos uno del otro, son los aspectos de una realidad Única que cada cabalista ha pensado a su manera: cosmogónico, físico, astronómico, mesiánico, etc.

Los *sefirot*, expresión de la trascendencia

Los tres *sefirot* superiores expresan el mundo divino, el mundo de Atsiluth, el mundo de donde procede la creación. Kether, abierto sobre el Infinito, sobre el Sin Fin, contiene todo lo que era, es y será y corresponde al nombre de Dios Eyeh. Representa la unidad absoluta. Se trata del «palacio, la antesala del punto interior desconocido» (*Zohar*, I, 19 b). Hochma es toda la potencia creadora de Dios, concentrada en un punto luminoso —en Hochma encontramos la palabra *luz* (*or* en hebreo)— que Bina desarrollará y diferenciará en los siete *sefirot* inferiores. Hochma representa de esta forma el principio activo, masculino, el Padre de la Creación, y Bina el principio pasivo, receptivo, femenino, en suma, la Madre de la Creación.

Rabí Simeón dijo: «En las palabras "Los creó macho y hembra" se expresa el misterio supremo que constituye la gloria de Dios, inaccesible a la inteligencia humana y objeto de la Fe. Es a través de este misterio que el hombre ha sido creado por el mismo misterio que el cielo y la tierra [...]. De ello deducimos que cualquier figura que no represente al macho y a la hembra no se parece a la figura celeste [...]. El Santo, bendito sea, no elige su morada allí donde el macho y la hembra no están unidos; sólo llena con sus bendiciones el lugar en el que el macho y la hembra están unidos» (*Zohar*, I, 55 b). Éliane Amado Lévy-Valensi lo traduce, en *Ensayos sobre el judaísmo*, de la siguiente forma:

«De la unión de estos dos principios emanan muchas cosas. Mediante estos dos símbolos, masculino y femenino, los cabalistas representan la forma en la que los *sefirot* se engendran el uno al otro. En cada nivel de la creación se trata de un acto de amor en el sentido más simple de la palabra, una unión de dos principios complementarios cuyo papel es el de crear».

Los siete *sefirot* inferiores son las cualidades que han permitido la creación: la Bondad

(Chesed) y la Justicia divina (Geburá) llevan hasta el corazón de la creación, hasta Tiferet. La Eternidad (Netsah) y la Majestad (Hod) permiten a Yesod reflexionar sobre el mundo divino y extenderlo hasta Malkut, que es en cierta manera el espejo de Kether, la presencia de Dios en la materia.

Los siete *sefirot* inferiores corresponden a los siete días de la creación visible: a la separación de la Luz y de las Tinieblas (primer día), a la separación de las Aguas de arriba y de las Aguas de abajo (segundo), los cinco días siguientes simbolizan el desarrollo de la creación hasta el día del descanso de Dios, sabbat, que corresponde a la décima *sefira*, malkut, que reflexiona sobre kether y que es también «término» de la creación, pues alude a la presencia de Dios, representada por schekina.

Los *sefirot*, expresión de la inmanencia

Los *sefirot* representan igualmente y de forma simbólica al hombre, al hombre ante la falta, al hombre primordial, Adán Kadmon, pero también al hombre Adán puesto que la palabra «Adán» tiene la misma *guematria* que YHVH en su evolución[13]. Lo representan tanto desde un punto de vista psíquico como físico. Tiferet es el superego, el centro de la persona, el misterio que el hombre lleva en sí mismo, participa de su alma; Yesod es el pensamiento consciente del hombre animado por la intuición (Netsah) y el estudio (Hod), mientras que Malkut es el cuerpo visible del hombre, es el hombre en el Reino, es Israel. Físicamente, el cerebro con sus dos hemisferios está construido a imagen de Hochma y de Bina, la Sabiduría y la Inteligencia; los dos lados del pecho o los dos brazos representan Chesed y Geburá, la Misericordia y la Justicia; el plexo solar, en el centro del estómago, corresponde a Tiferet; Netsah y Hod a las piernas; Yesod al sexo y Malkut al Reino, que se encuentra a sus pies, puesto que está dicho (Génesis, 1, 28): «Llenad la tierra y sometedla». Respecto al sistema nervioso, representa el Pilar central que equilibra las cualidades

13. Las letras hebreas, contrariamente a las letras del alfabeto latino, están compuestas a su vez por otras letras. Así pues, yod puede desarrollarse en la secuencia yod, vav y dalet, y su valor pasa de ser 10 a 10 + 6 + 4 = 20. Sucede lo mismo con he (he + álef = 6) y para vav (vav + álef + vav = 13). YHVH, desarrollado, tiene un valor de 45 y Adán, el hombre, sin compilar, vale igualmente 45.

activas (a la derecha) y las cualidades pasivas (a la izquierda).

El esquema divino se aplica a toda creación, tanto si es divina como humana. Un cabalista inglés, Z'ev ben Shimon Halevi, ha mostrado cómo la concepción de un automóvil refleja el esquema de los *sefirot*: Hochma se aplica a la concepción del vehículo, Bina a los planos y Tiferet a la voluntad del conductor. Chesed y Geburá corresponden al motor y a los mandos, Netsah y Hod a las funciones de propulsión y de control, Yesod a la apariencia y al comportamiento del vehículo que es Malkut. «Percibir los sefirot mientras trabajan en una máquina o un aparato concebido por el hombre es comprender la Ley cuando trabaja en el Mundo más bajo, en el que el hombre ejerce su voluntad para crear, como su creador».

El *Zohar* es demasiado complejo como para entretenerse en áridas enumeraciones y demasiado vivo para dejarse encerrar en algunas definiciones o descripciones.

Nos detendremos, sin embargo, en tres puntos que están llenos de significado y que permiten comprender mejor lo que es la cábala y cómo se relacionan lo Alto con lo Bajo y Dios con el Hombre. Nos referimos a los siguientes: el alma, la décima *sefira* y el mal.

El alma

«El alma ha descendido la escalera del cielo», escribió Moisés Ben Nahman. El alma participa del Infinito y de lo finito. Esta tesis que proviene de la filosofía griega —el alma presenta tres fases: vegetativa, animal y racional— estaba muy extendida en la Edad Media y se divulgó en las comunidades hebreas a través de la obra de Maimónides. Los cabalistas la adoptaron con ciertas reservas, ya que se resistían a negar la unicidad del alma. La síntesis no tardó en cobrar forma. Según la nueva visión, en el alma coexisten tres aspectos —Naphesh o la vida, Ruah o el espíritu y Neshama o el alma santa, la parte divina del hombre—. Las dos últimas, que se encuentran en el Nephesh, sólo pueden desarrollarse a través del estudio de la Torá y de las letras.

Está escrito: «Mi alma (*naphschi*) te desea durante la noche». Así pues, la palabra *nephesch* designa el alma en estado de sueño. Y la Biblia añade: «Y mi espíritu (*ruah*) te busca cuando me despierto al alba». Así pues, *ruah* designa el alma en estado de vigilia. Pero no debemos pensar que *rephesch* y *ruah* son dos especies distintas, pues de hecho forman una única y misma esencia, puesto que sólo pueden existir unidas la una a la otra... Por encima del *nephesch* y de *ruah* existe una esencia superior que las domina; y esta esencia recibe el nombre de *neschama*. *Neschama* es la esencia superior a *nephesch* y *ruah*, y también es más secreta que las otras dos» (*Zohar*, I, 83 b).

El alma preexiste a la creación. Antes de descender en un cuerpo, se compromete ante Dios para practicar los *mitsvot* y para desarrollar los conocimientos místicos. «Una tradición nos enseña que por la fuerza de la voluntad del Rey supremo, un Árbol poderoso crece [...]. Por su propio pie todas las aguas nacidas en el momento de la creación se dirigen hacia diversas direcciones; de ahí emanan todas las almas del mundo. Antes de descender a este mundo, las almas entran en el Jardín y al salir reciben siete bendiciones y están obligadas a servir de padres a los cuerpos, es decir, a guiar los cuerpos paternalmente y mantenerlos en el camino justo; puesto que cuando la imagen celeste —es decir, el alma— está a punto de descender a este mundo, el santo, bendito sea, la conmina a observar los mandamientos de la Ley y a hacer su voluntad; le confía además cien llaves a las que corresponden las cien bendiciones que el hombre tiene que pronunciar cada día» (*Zohar*, I, 284 b).

Después de la muerte, el alma vuelve a la luz de Dios. La rapidez del retorno dependerá de los actos que haya cometido. Puesto que el hombre es libre de escoger el buen o el mal camino, simbolizado por el pecado de Adán, el alma es capaz o no de cumplir su misión terrestre. Su suerte dependerá de la vida que lleve el hombre. Si el hombre ha llevado una vida pura y santa, el alma alcanzará directamente su lugar de origen. En caso contrario, será condenada a errar, de cuerpo en cuerpo, hasta que se haya purificado por completo: «Recordad que el Santo, bendito sea, planta las almas aquí abajo; si echan raíces está bien; en caso contrario las arrancará cuantas veces haga falta y las trasplantará hasta que echen raíces» (*Zohar*, I, 187 b). Se trata de la doctrina del *gilgoul*, de la transmigración, que no tiene nada que ver con la metempsicosis, puesto que el alma sólo mora en los cuerpos humanos. Este vagabundeo del alma guarda un paralelismo muy claro con el exilio del pueblo judío, lejos de la tierra prometida.

La décima *sefira*

Malkut, la primera *sefira* que alcanza lo místico, es también la última manifestación de Dios en su creación. De forma opuesta a Kether, abierta sobre el Infinito, es el receptáculo de las fuerzas contenidas en los nueve *sefirot* precedentes. Al no poder evacuar nada, se trata de un lugar de gran tensión, de encuentro del hombre y de su Creador; es el lugar hacia el cual el hombre se eleva y desde el cual Dios se inclina hacia él. Para algunos cabalistas, se trata de la Torá en su plenitud, el pardés. Para otros, presenta un rostro horroroso debido a todas sus fuerzas concentradas en ella y debido a que representa algo de Dios exiliado abajo.

Malkut simboliza el sabbat, el día en que Dios ha descansado de la creación, el día en el que el hombre se abstiene de todo trabajo para consagrarse a Dios. El sabbat es un momento tan sagrado en la creación y en la vida humana que es objeto de un mandamiento: «Dedica el día de sabbat para santificarlo, tal como te lo ha ordenado YHVH, tu Dios» (Deuteronomio, 5, 12).

Malkut es la schekina, el espíritu de Dios, la presencia de Dios en la creación, la presencia de Dios cerca de su pueblo, Dios inmanente. Se trata, al igual que los demás *sefirot*, de un elemento constitutivo de Dios. En este caso preciso, el *Zohar* utiliza un simbolismo sexual: Yesod, el fundamento, en el que convergen los otros ocho *sefirot*, fecunda a la décima, Malkut. Yesod y Malkut simbolizan de esta forma el lado masculino y femenino de Dios. Muy pronto la schekina fue asimilada a ese lado femenino y acabó por convertirse en la Reina.

Es necesario ver en estos símbolos una complementariedad y no una dualidad: la unión de Dios y la schekina es como la unión de Hochma y de Bina, del masculino y el femenino, del hombre y la mujer. Se trata de la unidad original: «No existe distinción entre el Santo, bendito sea, y la schekina. Todo es Uno. Sólo en el mundo de la Formación y de la Acción empieza la distinción» (*Tikkouné Zohar*). La unidad es el resultado del encuentro carnal de dos entidades y esto está corroborado por la *guematria* de las palabras ehad (un) que es de 13 y ahava (amor) que es de 13 también: Dios es Uno y Amor.

Naturalmente, la comunidad de Israel que, en el Talmud, aparecía como la prometida de Dios, así pues separada de él —¿el *Cantar de los cantares* no es una llamada?— ha sido asimilada a la schekina. No se trata del pueblo de Israel sino de la humanidad, alejada de su Creador por la falta de Adán que ha separado el reino de Malkut de la corona de Kether. La schekina está exiliada. Dios ha confiado a Israel la redención de la falta de Adán, por ello le corresponde restaurar la unidad original de Dios y de la schekina. Ningún Mesías puede hacerlo, pero la llegada del Mesías será el signo de esta restauración efectuada por Israel, cuyos actos religiosos tienen que ir acompañados de la fórmula: «Por el amor de la reunión de Dios y de su Schekina».

El mal

El mal es una realidad para el *Zohar* que se materializa en el estado imperfecto del mundo, en el sufrimiento del hombre.

El mal es el residuo de mundos antiguos, preexistentes al mundo actual y que Dios habría destruido.

Esta hipótesis, ya desarrollada en el Talmud, descansa sobre la repetición, en el Génesis, de la expresión «y Dios vio que eso era bueno», que induce a pensar que anteriormente había creado otros mundos que le habrían desagradado y que habría destruido. Esta idea es muy importante puesto que aporta la prueba de que el mundo divino es preexistente a la creación, y que la creación ha sido querida por el propio Creador.

El mal resulta de un desequilibrio entre los dos *sefirot* Chesed y Geburá, como consecuencia del cual surgió la cólera de Dios. Esta cólera ha sido suscitada por la desobediencia de Adán que ha provocado el estallido de la unidad original. El mal resulta por lo tanto de la separación: el Fruto ha sido separado del Árbol del Conocimiento por el pecado de Adán; Adán ha sido separado de la unidad original y ha caído en el aislamiento, en el exilio, arrastrando con él a la *Schekina*. El mal estaba inerte y ha sido activado por el pecado.

Pero si el mal es el resultado de la elección del hombre, también ha sido querido por Dios: «Si el Santo, bendito sea, no hubiera creado el Espíritu del bien y el Espíritu del mal, que emanan uno del lado de la luz y el otro del lado de las tinieblas, el hombre no hubiera podido merecer nunca, ni tampoco desmerecer» (*Zohar*, I, 23 a-b). Desde este punto de vista, el mal garantiza la libertad: es el hombre quien debe decidir sobre la restauración de la unidad original respetando las enseñanzas de la Torá, respetando los *mitsvot*, rezando con devoción y respetando las fiestas y el sabbat. A la alegría que siente Dios ante su creación tiene que responder la alegría del hombre y su amor por el Creador, ya que así «une los niveles más elevados con los más inferiores y eleva todas las cosas al nivel en el que todo sólo puede ser uno» (*Zohar*, II, 216 a).

Era la piedad de Israel la que tenía que traer la armonía en el mundo, la unidad original. Y algunos cabalistas habían incluso anunciado una fecha: 1490[14].

14. Esta fecha se había calculado a través de la *guematria* del versículo 7 de Job, 38.

El devenir
de la cábala

De un modo un tanto paradójico, esta doctrina del amor divino se desarrolló en un ambiente poco propicio. La Iglesia hostigó a sus fieles durante los siglos XIII, XIV y XV contra las comunidades judías.

En 1212, la victoria de Las Navas de Tolosa supuso un duro golpe para la hegemonía musulmana en la península Ibérica y el paso de un antisemitismo latente —los judíos, que ocupaban a menudo funciones importantes en las finanzas, la política y la universidad, suscitaban envidia— a otro más virulento. A lo largo de todo el siglo XIV los barrios judíos fueron saqueados y sus moradores apalizados, desterrados o incluso pasados a cuchillo. Las matanzas de Sevilla (4.000 muertos en 1391), Barcelona, Valencia y Toledo ocasionaron problemas políticos graves. Numerosos judíos se convirtieron al cristianismo, si bien continuaron practicando su religión en secreto.

En 1469, Isabel la Católica y Fernando de Aragón, recién coronados, intensificaron la lucha contra las minorías religiosas gracias a la Inquisición, creada en 1199 por el papa Inocencio III para luchar contra las herejías.

En 1483, los miembros más importantes del Consego General de la Santa Inquisición ocupan cargos relevantes en el gobierno de los dos reinos. Los cambios se suceden con gran celeridad: en 1486, las comunidades judías fueron desterradas de los territorios de Córdoba, Sevilla, Zaragoza, Albarracín y Teruel; en 1490 se organizaron autos de fe de biblias y libros judíos; el 31 de marzo del año 1492, finalmente, un edicto ordenó la expulsión o la conversión de todos los judíos de España antes del 31 de julio de ese mismo año. La comunidad de Israel, la Schekina, se enfrentó a una nueva diáspora.

Los judíos, convertidos o no, se dispersaron por Europa a lo largo de las rutas comerciales y formaron nuevos barrios en los grandes puertos del Atlántico y del mar del Norte, escalas del comercio internacional de la época. Otros se instalaron en Italia, donde gracias al humanismo y a la avidez por ampliar el conocimiento, se imprimieron y difundieron libros hebraicos, entre los que ocuparon un lugar destacado el *Talmud* y el *Zohar*.

Al final, la mayoría de los judíos españoles se dispersaron alrededor de la cuenca del mediterráneo y se unieron a las comunidades de África del Norte, Grecia, Egipto y Palestina. Se creía que el fin estaba cerca, y convenía estar cerca de Jerusalén. ¿Acaso la expulsión de España no significaba ya el principio del fin? ¿No anunciaban algunas profecías que 1490 marcaría un hito importante? ¿La fecha de 1490 no significaba el inicio de la Redención?

Frente a todas estas cuestiones, los exiliados sólo albergaban una certeza: eran responsables del restablecimiento de la unidad y del amor de Dios y del pueblo de Israel. «Te lo juro, si los jefes de la comunidad o una comunidad entera vuelven a la penitencia, toda la diáspora se reunirá» *(Midrash Ha Neelam)*.

Los cabalistas se convirtieron en los miembros de la comunidad que estaban mejor preparados para guiar al pueblo en su éxodo, sobre todo porque pertenecían a una especie de aristocracia temporal y espiritual cuyos miembros se cooptaban. Se colocaron (o los colocaron) en la cabeza del pueblo y se dedicaron a difundir la enseñanza de la cábala, hasta entonces reservada a un pequeño número de miembros.

De ser puramente mística, la cábala se convirtió de forma progresiva en práctica. Fue en Safed donde se realizó este cambio.

Safed

Safed, una pequeña ciudad de Galilea, estuvo bajo la dominación franca hasta el final del reino latino de Jerusalén, en el año 1187. Asentada muy cerca de la tumba del Rabí Simeón Bar Yochaï, atrajo poco a poco a los judíos más místicos... y los que no lo eran tanto, ya que los impuestos eran más bajos que en Jerusalén.

En el siglo XVI, la comunidad judía de la ciudad contaba aproximadamente con mil familias, una veintena de sinagogas y se había convertido en el centro de una extraordinaria actividad intelectual y espiritual. Poco a poco, los judíos aceptaron la idea de que la expulsión de España no era el signo de la Redención, sino una catástrofe, que tenía un carácter apocalíptico y que era necesario hacer de todo para remediar el mal. Las Escrituras se leyeron de nuevo bajo esta nueva luz y se interpretaron como símbolos del Exilio.

Yosef Caro, famoso talmudista, estableció una síntesis de las leyes del judaísmo titulada

Choulhan Aroukh (La Mesa puesta) y dio cuenta por escrito de sus experiencias místicas inspiradas por el ángel Mishna. Recomendaba para los místicos un estricto ascetismo, ayunos frecuentes e insistía sobre la importancia de la plegaria que debe llevar a la adhesión del místico a Dios, a la *devekut*.

Salomon Alkabetz, uno de los primeros en haber intentado difundir ampliamente la cábala, compuso el canto de acogida del sabbat, el *Lecha Dodi (Ven mi prometido)*, que todavía es cantado en todas las sinagogas.

Pero las dos grandes figuras místicas de Safed fueron Moisés Cordovero e Isaac Luria.

Moisés Cordovero (1522-1570)

De origen español, se formó bajo la tutela de Rabí Alkabetz. Constituyó alrededor de su maestro un grupo de estudio, «los Compañeros de Cordovero», que orientó hacia dos objetivos: convertirse en la morada de la Schekina gracias a una vida ejemplar y a prácticas de tipo ascético y difundir el conocimiento de la cábala y el *Zohar*. Para ello era necesario «no dejar que sus pensamientos se distrajeran de las palabras de la Torá y de las cosas sagradas, de forma que se

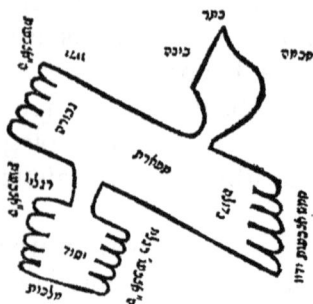

Álef, primera letra del alfabeto en la que algunos cabalistas ven un modelo del cuerpo de Adán Kadmon (obtenido de *Pardès Romonim*, Moisés Cordovero, Cracovia, 1592).

Representación del diagrama sefirótico en el *Pardès Rimonim:* las letras de los distintos *sefirot* están todas contenidas en el *kaf* de Kether.

convirtiera en la morada de la Schekina [...]. Repasar cada viernes, con uno de los compañeros, todas las acciones realizadas durante la semana para purificarse a la espera de la Reina Sabbat» (citado por G. Casaril).

Según G. Scholem, Moisés Cordovero fue un filósofo y un teórico de la mística. El *Pardès Rimonim (El pastor de las granadas)* es una reflexión sobre la cábala, el *Zohar* y las relaciones entre *En Sof* y los *sefirot*.

Cordovero consideraba los *sefirot* como recipientes destinados a recoger la luz que proviene de *En Sof* y que la reflejan bajo diversas formas. El Infinito está presente por lo tanto en todo lo finito, si bien lo finito no representa todo el Infinito. «Dios es toda la realidad, pero toda la realidad no es Dios».

Moisés Cordovero intentó definir el sistema de los *sefirot* procedentes del *En Sof* de forma más abstracta, colocándolo en el ámbito del espíritu, haciendo del *En Sof* el Pensamiento cósmico que debido a la Voluntad se expande en todas las cosas: «Puesto que Él y las cosas existentes son un uno, no están ni separadas, ni son múltiples, ni exteriormente visibles, sino que más bien Su sustancia se encuentra presente en Sus Sefirot, y Él mismo es cada cosa, y nada existe más allá de Él» (citado por G. Scholem).

Encuentra en la letra álef la prueba de lo que explica. Álef es la primera letra del alfabeto: «Tú serás la primera de todas las letras y sólo tendré unidad en ti». Es también la primera letra de la palabra *atsiluth* («el mundo de la Emanación») y simboliza por sí misma a todos los *sefirot* que forman los mundos de *atsiluth* (que puede entenderse también como el mundo de la Divinidad), de Beria (mundo de la Creación), de Yetsira (mundo de la Formación) y de Asiyah (mundo de la Fabricación).

El *Pardes Rominim* tuvo un gran repercusión. Copiado y vuelto a copiar, fue impreso en 1592 en Cracovia y fue un elemento esencial de la difusión de la cábala y del *Sefer Ha Zohar* en todas las comunidades judías.

Isaac Luria (1534-1572)

Ashkenazi Rabí Isaac Luria (*Ari*, el león) nació en Jerusalén, hijo de padres de origen askenazí. Huérfano desde muy joven, fue criado en Egipto por un tío. No volvió a Israel (es decir, a Safed) hasta 1568. Formó parte del círculo de los «Compañeros de Cordovero».

Luria es un personaje excepcional, dotado de un gran carisma. Talmudista excelente, cabalista brillante y visionario sin parangón, fue considerado como un santo y se convirtió en el guía de los místicos de Safed tras la muerte de Moisés Cordovero.

Pese a su gran actividad industrial, no preparó ningún escrito. Su pensamiento y sus teorías sólo se conocen a través de las obras de sus discípulos Moisés Yonah, Josef Ibn Tabul y, sobre todo, Haim Vital (1542-1620) en su *Ets Hayyim (El Árbol de la vida)*. Su punto de partida fueron las preguntas que le suscitaron la creación, el origen del mal y su relación con Dios. En aquella época, la expulsión de España empezaba a ser considerada como una catástrofe política y no como un anuncio de la inminencia de la Redención.

El entramado conceptual de Luria es extremadamente complejo e innovador. Se organiza alrededor de tres puntos esenciales: el *zimzún*, el *shebirat Ha Kelim* (la ruptura de los recipientes) y el *tikkoun*.

El *zimzún*

El primer problema al cual Isaac Luria intenta responder es el de la creación. Si «Dios es toda la realidad», si Dios fuese Infinito y ocupase todo el universo, la creación sería imposible puesto que no existiría un lugar donde no estuviese la sustancia divina. Ahora bien, la creación ha tenido lugar. Eso quiere decir que ha habido *zimzún* (un término que podría traducirse como «contracción» o «disminución»). La creación sólo ha podido tener lugar porque Dios se ha concentrado, porque se ha retraído, porque se ha retirado al interior de sí mismo para crear un vacío y dejar un lugar libre para la creación. Este movimiento de retirada, esta concentración sobre sí mismo, es el *zimzún*. La nada de la que nacerá el mundo proviene por lo tanto del Ser de Dios y de su voluntad. El mundo que se ha creado como consecuencia del *zimzún* es, en cierta manera, «hijo de Dios»: «El Ser de Dios entrega el ser al mundo en una relación de dependencia» (L. Askénazi). De este modo, al principio no hubo emanación de Dios, sino más bien su retirada. Dios no se extendió, se retrajo. Luria había creado una nueva manera de comprender el universo que requería un método hermenéutico diferente.

Sin embargo, el lugar vacío que permitiría la creación del mundo carecía igualmente de luz. Sólo mediante un segundo *zimzún* la divinidad volvió al espacio libre, esta vez en forma de rayo de luz. Y sólo después de un movimiento de contracción pudo empezar uno de emanación. G. Scholem compara este doble movimiento de contracción y emanación con el movimiento respiratorio. Este rayo de luz divina, la primera emanación del *En Sof*, se encontró con un vacío dividido en varios niveles y el *reshimou*, el residuo de la luz divina después del *zimzún*; al entrar en contacto con él, comenzó a fragmentarse esferas y dio paso a los *sefirot*. Su movimiento creó una primera figura: el *Adán Kadmon*, el hombre primordial, que pasó a ocupar todo el espacio. La luz de los *sefirot* estalla a través de sus ojos, su boca y su nariz. No obstante, los *sefirot* se encontraban todavía juntos. Mediante ese movimiento aparecieron dos formas: el círculo, «que evoca la perfección del *En Sof*», y la línea recta, «que es la anticipación de la estatura del hombre, la causa final de toda la creación» (R. Goetschel, *op. cit.*).

La ruptura de los recipientes

Los *sefirot* sólo fueron liberados a través de un nuevo *zimzún*, a nivel del Adán Kadmon, para formar el mundo de los puntos en el que los recipientes, los *kelim*, tenían que recoger la luz divina.

Pero sólo los tres primeros *kelim* pudieron soportar la intensidad de la luz divina. Los otros se rompieron y dejaron escapar la luz divina. Las fuerzas del mal que se encontraban en los atributos de amor y de misericordia del *En Sof* se encontraron de esta forma liberadas y se mezclaron con las chispas de luz divina que se hundían en el abismo, mientras que la mayor parte de la luz divina volvía a su origen.

La ruptura de los recipientes fue interpretada por los discípulos de Luria tanto como explicación de la desaparición de los mundos primitivos, como la necesidad de purificar los *sefirot* de manera que se otorgue al mal una existencia separada. De esta forma, explicaron, empezó la lucha entre el bien y el mal para la dominación del mundo y la restauración del mundo roto.

El *tikkun*

La luz divina que vuelve a su fuente de origen se emite de nuevo a partir del frente del Adán Kadmon bajo forma de *parsufim*, de «caras de Dios», en las que «cada uno manifiesta un aspecto de la divinidad así como un momento en la obra de restauración» (R. Goetschel, *op. cit.*).

Los *parsufim* son cinco. En el conjunto se encuentra el significado clásico de los *sefirot*, pero la agrupación de las entidades es distinta.

A Kether le corresponde la figura de Arich Anpin, el Indulgente, el que se muestra paciente. Hochma y Bina están asimilados con Abba e Imma, el Padre y la Madre, y de su unión nace Zeir Anpin, el Impaciente, la Creación, la fuerza reveladora de Dios, el Santo-Bendito-Sea unido a Rachel, que corresponde con Malkut. Con los *parsufim*, Isaac Luria rompe con el espíritu de la cábala tradicional. En Sof ya no es el Dios al que se dirige el cabalista, sino a las configuraciones de Dios, a los *parsufim*, a un Dios más personal, más cercano, más presente.

A causa de la ruptura de los recipientes, el mal se ha mezclado con el bien durante la creación. La diáspora es consecuencia de ello, tanto la de la Schekina como la del pueblo. La tarea del hombre judío, del que respeta la alianza, es restaurar el mundo de la creación «buscando las chispas divinas [mezcladas con las fuerzas del mal] allí donde se encuentran. Se trata de reconciliar los *parsufim*, las caras de Dios aisladas una de la otra por la presencia del mal» (É. Amado Lévy-Valensi, *op. cit.*). Tal como se ve, la responsabilidad de Israel es inmensa, puesto que de su acto de reparación, de su *tikkun*, dependen el fin del exilio y la restauración de la unidad divina, que sólo podrá resolverse con el advenimiento del Mesías.

Este acto de reparación es un acto religioso que se cumple para cada uno en la estricta observación de la Ley y en la plegaria. Para Isaac Luria, los *mitsvot* son acciones que permiten a Dios y al hombre estar juntos. Respecto a la plegaria, tiene una importancia capital. La plegaria tiene que estar dirigida, tiene que ser activa. Cualquier acto religioso tiene que ir acompañado de la fórmula «con la intención de unir el Santo-Bendito-Sea, y su Schekina, en el miedo y en el amor» (citado por G. Scholem). Se trata de rezar con una tal intensidad que las palabras de la plegaria actúen sobre las esferas superiores, de meditar sobre el acto de rezar, sobre la acción de la plegaria, y de rezar con *kawwana*, es decir, uniéndose a Dios.

Por último, el *tikkun* tiene que efectuarse igualmente para las almas. Al principio, estaban todas contenidas en el alma de Adán y sólo se encontrarán reunidas cuando cada una de ellas se haya restaurado. A esta doctrina del *gilgul* ya anunciado por el *Zohar*, Isaac Luria añade que las almas, al estar unidas, pueden ayudarse las unas a las otras a efectuar su *tikkun*. La duración de este proceso de reparación es muy largo, tanto como el mal tiene poder y fuerza. Puede abreviarse si cada uno observa los rituales, los ayunos, los ejercicios penitenciales, si cada uno se entrena en la meditación.

La noción de desarraigo expuesta por Rabí Isaac Luria respondía al sentimiento que los judíos experimentaban y a la toma de conciencia de la catástrofe que significaba su expulsión de España.

Pero, al mismo tiempo, estas enseñanzas permitían comprender el sentido exacto de la alianza, el objetivo de la existencia de los judíos: tenían que reunir las chispas de la divinidad esparcidas por el mundo debido a la fractura de los recipientes, y «es por ello que era necesario que Israel se dispersara a los cuatro vientos para recogerlo todo» (citado por G. Scholem).

TERCERA PARTE

RECEPCIÓN DE LA CÁBALA

La herencia
de Safed

«No harás ninguna imagen esculpida de nada que se parezca al que está en el cielo allí arriba, o en la tierra aquí abajo, o en las aguas por encima de la tierra. No te prosternarás ante estos dioses ni los servirás» (Deuteronomio, 5, 8).

La cábala, tal como la han vivido Isaac Luria y sus discípulos, «humaniza» lo que este segundo mandamiento tiene de severo e idealista. Permite amar a un dios del que no se pronuncia el nombre, del que no se ven representaciones y que prohíbe cualquier «sentimentalismo». Gracias a ellos, la cábala —que afectaba a una elite intelectual capaz de vivir su amor a través de las palabras y de las letras— se extendió por todas las capas de la población y marcó el mundo judío de forma definitiva y a menudo inconsciente, a través de una reinterpretación de antiguos rituales o a través de símbolos y de rituales nuevos que recurren a la sensibilidad e incluso a la sensualidad.

La reinterpretación de la *kawwana*

La *kawwana* es la intención que se deposita en la plegaria para realizar la *devekuth*, la adhesión a la divinidad. De manera que —según la literatura jasídica hereditaria de la cábala de Safed— cuando el patriarca Enós, que era zapatero, unía las suelas con los empeines, ponía en contacto todo lo que estaba arriba con todo lo que estaba abajo: al estar de forma perpetua en meditación, incluso durante el ejercicio de su profesión, permitía el encuentro entre lo alto y lo bajo.

Esta es la razón por la que los rituales estáticos se reemplazaron por rituales de meditación y de plegaria. Gracias a ellos, el cuerpo también participaba en la plegaria, ya que el rezo se convertía en la visualización e inscripción gestual de las palabras, ya fuese con la cabeza o con las manos: cada falange representa una letra y, cuando todas las letras de una palabra están escritas, se forma la palabra al golpear las manos.

Rezar es moverse, avanzar y retroceder, recordando de esta forma el ascenso hacia la divinidad y el descenso, el reencuentro con el mundo inferior. Rezar, según la expresión de G. Scholem, es un sacrificio «en el que el hombre se ofrece a sí mismo» por «el amor de la reunión de Dios y de su Schekina» según la expresión consagrada.

El lamento de medianoche

Isaac Luria recuperó en Safed una antigua costumbre cabalística que consistía en levantarse por la noche para rezar, para lamentarse sobre la destrucción del Templo y confesar los propios pecados. En Safed, esta costumbre se retomó: a medianoche los fieles se levantaban, se sentaban cerca de la puerta, se cubrían la cabeza, se colocaban ceniza en la frente, se «limpiaban» los ojos con polvo y lloraban mientras cantaban los salmos relativos al exilio («A orilla de los ríos de Babilonia estabamos sentados y llorábamos», salmo 137; «Dios, han venido los paganos a tu herencia. Han ensuciado el templo sagrado; han convertido Jerusalén en un montón de ruinas», salmo 79), los cantos compuestos especialmente para este ritual nocturno y los salmos mesiánicos. El resto de la noche se pasaba entre estudios y meditaciones, puesto que los cabalistas se convertían en los compañeros de la Schekina.

Además de este ritual, Isaac Luria instituyó muchas prácticas ascéticas que recordaban todas ellas el exilio: por ejemplo el ayuno la víspera de la nueva luna, puesto que veía en la desaparición progresiva de la luna el símbolo del desarraigo.

Los nuevos rituales

La Schekina se encontraba en el centro de estos rituales que afectaban a los matrimonios sagrados y al sabbat. Los matrimonios sagrados, celebrados cincuenta días después de la salida de Egipto, simbolizaban el día de la Revelación, el día en el que se concluyó la alianza entre Dios e Israel. Se trataba de una fiesta tradicional durante la cual la Schekina era «adornada» por los creyentes con los veinticuatro libros de la Biblia. En Safed se celebraba de forma todavía más significativa: los místicos pasaban la noche anterior leyendo fragmentos de todos los libros de la Biblia, de la *Mishna*, del *Zohar*, y al día siguiente se leía un verdadero contrato de matrimonio entre el «prometido Dios» y la «virgen Israel» en las distintas sinagogas.

Este fervor por la Schekina se expresó todavía mejor en los nuevos rituales de sabbat. Sabbat es para los judíos un día sagrado, consagrado completamente a Dios y a la meditación. Es el día en el que la comunidad de Israel acoge a la «prometida», la «reina del sabbat», y en el que el judío debe cumplir con su deber conyugal, recordando de esta forma la unicidad de Dios y de la Schekina.

Isaac Luria otorgó a este día una pompa singular, lo convirtió en la fiesta de las bodas místicas que todavía ilumina el sabbat. Antes de la llegada de la noche, los místicos de Safed, completamente vestidos de blanco, salían de la ciudad y se dirigían cantando salmos, himnos compuestos especialmente para este día, hacia un «campo sagrado» para acoger a la Schekina[15]. A su llegada, entonaban *El Cantar de los Cantares* a modo de canto nupcial y las plegarias

15. Posteriormente, el recibimiento de la Schekina dejó de celebrarse en las afueras de la ciudad y pasó al exterior de la sinagoga. En la actualidad, los participantes en el acto se vuelven hacia el oeste para recibir a «la prometida», que aparece acompañada de las almas del sabbat.

tradicionales sólo se pronunciaban al final de este nuevo ritual de acogida.

Cuando volvía hacia su casa, el místico entonaba el «Himno a la matrona» y las tres comidas de sabbat se acompañaban de cantos para conjurar las fuerzas del mal, «las fuerzas impuras», los «perros enfrentados»:

«Que la Schekina esté rodeada
de seis panes del sabbat
y que esté atada por cada lado hacia arriba.

De esta forma las fuerzas impuras se debilitan
y desgraciadamente se esparcen
y los demonios amenazadores se encadenan».

De esta forma se termina uno de los tres himnos compuestos por Isaac Luria para las comidas de sabbat[16]. Y de la misma forma que Isaac Luria estableció un ritual de recibimiento del sabbat, los cabalistas de Safed instituyeron a continuación una cuarta fiesta, totalmente simbólica, durante la cual, hasta muy entrada la noche, acompañaban la partida de «la prometida».

16. Traducido y citado por G. Scholem.

Las teorías de Isaac Luria que intentaban dar una explicación del exilio y su fervor mesiánico que provocaba una regeneración de la vida interior mediante prácticas ascéticas fueron adoptados por todas las comunidades hebreas de Oriente Próximo —donde fueron difundidas por Joseph Ibn Tabul— y Europa, donde un rabino italiano, Israel Sarroug, las dio a conocer desde finales del siglo XVI a través de tratados morales —los *musar*— que gozaron de una amplia difusión a lo largo del siglo XVII. Estas teorías respondían a las expectativas de los judíos y las continuaban con la certeza de que los sufrimientos que habían soportado a lo largo de su historia tenían un sentido y que estaban a punto de acabarse.

La popularidad de estas teorías vino aparejada de una degradación progresiva de los estudios cabalísticos que no pocas veces abrió las puertas a la herejía.

El sabatinismo

Después de la muerte de Isaac Luria, Safed, así como otras localidades próximas a Jerusalén, se convirtieron en grandes centros de difusión de la cábala. Las escuelas atrajeron un gran número de estudiantes deseosos de conocer el pensamiento de Isaac Luria.

Sin embargo, a pesar de que Haim Vital fue fiel a las enseñanzas del maestro, muchos otros que vinieron después prefirieron los aspectos más superficiales, los rituales más visibles, y descuidaron las implicaciones profundas que ese pensamiento ocultaba. En algunos casos, los rabinos llegaron a valerse de la credulidad de los fieles, traumatizados por la noticia del exterminio de doscientos cincuenta mil judíos polacos y ucranianos, en el año 1648, a manos de las tropas de Chmielnitzki.

Ahora bien, un estudiante de Safed, Nathan de Gaza (1644-1680), afirmó que el Mesías había llegado en la persona de Sabbatai Zevi (1625-1676), a quien las masas siguieron entusiasmadas. Zevi, animado por una fe sin fisuras, se imponía prácticas ascéticas a semejanza de Isaac Luria y conocía la cábala. En 1648, se había presentado como Mesías en Esmirna, su ciudad natal, aunque sin convencer a sus conciudadanos. Era conocido como un enfermo que alternaba periodos de profunda depresión con otros de excitación intensa. Viajó por los países de la cuenca mediterránea y se instaló en Jerusalén en 1662, donde sin duda alguna Nathan de Gaza oyó hablar de él. Sin embargo, no fue hasta tres años después, en 1665, cuando tuvo esta visión profética en la que se le reveló que Zevi era el Mesías. Nathan comparó los sufrimientos de Zevi con los de Job y sus estados de excitación intensa con la «restauración de la fortuna de Job por YHVH» (Job, 42, 10).

La noticia de la llegada del Mesías se extendió como un reguero de pólvora en todo el mundo judío y lo trastornó profundamente. Meses más tarde, Zevi fue detenido y encarcelado por el sultán Mustafá, quien lo acusó de proselitismo y lo obligó a convertirse al islam so pena de martirio.

La doctrina del sabatinismo

Dios no podía haber engañado a su pueblo. La conversión de Sabbatai Zevi tenía un sentido. Sus seguidores no cejaron y recibieron el apoyo de diversos grupos, como el de los marranos, quienes veían en Zevi una justificación de su propia conducta.

Según la doctrina de Luria, el pueblo de Israel había sido exiliado y dispersado para recoger las chispas de la santidad esparcidas por todo el mundo a causa de la ruptura de los recipientes. Sin embargo, algunas de ellas estaban tan ocultas que sólo el Mesías podría recuperarlas tras internarse en el reino del mal. Su empresa era muy peligrosa, pues debía arrostrar la condena y experimentar el calvario. Era el precio de la redención. Sólo de este modo podría recuperarse la armonía original. Las reglas rabínicas poco dirán después de este acontecimiento. Sólo la Torá permanecerá, si bien, al haberse realizado el *tikkun* está realizado, los «nuevos judíos» la leerán de otra forma.

De este modo Abraham Pérez, un discípulo de Nathan de Gaza, comprendía y explicaba el caso del Mesías Sabbatai Zevi. Y añadía que, mientras la redención final no hubiese acabado, los judíos no deberían cambiar sus prácticas.

Era inevitable que una parte de los fieles que se habían unido a Sabbatai Zevi no admitiera esta actitud de espera. Pensaban que la liberación tenía que producirse a su tiempo y no en un futuro incierto. Su deber era seguir al Mesías en el mundo del mal, puesto que el mal sólo puede combatirse con el mal. «Así pues, admiten que cualquiera que cometa un pecado y hace el mal es bueno y honesto a los ojos de Dios» (Moisés Hagyz, citado por G. Scholem). A lo largo del siglo XVIII aparecieron sectas que rechazaban las prácticas ancestrales y predicaban la vía del pecado para transformar la Torá y mostrarla en su verdadera gloria. Muchos de sus adeptos cayeron en el nihilismo religioso, si bien no dejaron de practicar el judaísmo en silencio, lo cual confirmaba —a su juicio— los presupuetos del sabatinismo.

Después de la «revolución» sabatinista y la irrupción del movimiento mesiánico, la cábala ortodoxa perdió muchos seguidores. Sólo mantuvo su vigor en algunos países eslavos como Polonia, cuyos centros de Brody la mantuvieron con un rigor inusitado en la época, o en Palestina. Allí Rabí Shalom Sharabi, a finales del siglo XVIII, fundó el centro de Bet-El[17], para conservar la pureza del misticismo de la cábala y donde sólo se pedía a los postulantes «el conocimiento del sabio y la abnegación del asceta» (citado por G. Scholem).

El hasidismo

En el siglo XVIII apareció en Polonia y en Rusia otro movimiento que se inspiraba en la cábala de Isaac Luria: el hasidismo. El iniciador de este movimiento, Rabí Israel Ben Eliezer

17. El centro de Bet-El fue destruido en el año 1927 a causa de un terremoto.

(1700-1760) —más conocido bajo el nombre de Baal Shem Tov, el Maestro del Buen Nombre—, a diferencia de Isaac Luria, no había recibido enseñanza rabínica alguna, si bien lo animaba una profunda fe que le había valido la reputación de santo. Sólo aspiraba a que sus contemporáneos recobrasen el interés por lo sagrado. Su concepción de la fe era individual. La redención universal, a sus ojos, era menos acuciante que la personal, ya que quedaba fuera del alcance humano. Según su enseñanza, el hombre es parecido a una escalera, a la escalera del sueño de Jacob cuyo extremo «alcanzaba el cielo» (Génesis, 28, 12): si bien habitaba en la tierra, su espíritu debía ser consciente de que las raíces de las realidades terrestres se encuentran allí arriba en el cielo, y que sólo estaba allí para servir a Dios en la alegría, puesto que «sin alegría no existe un verdadero servicio de Dios; y una alegría vivida alejada del servicio de Dios no tiene valor» (citado por A. Safran).

Como cualquier movimiento místico, el hasidismo daba más importancia a la religiosidad —la sensibilidad que permite el conocimiento de lo sagrado— que a la religión ritualizada. Baal Shem Tov tenía la costumbre de decir: «Debemos decir "el Dios de Abraham, el Dios de Isaac y el Dios de Jacob" y no "el Dios de

Abraham, de Isaac y de Jacob", ya que Isaac y Jacob no habían seguido los mismos pasos de Abraham en su forma de concebir el servicio de Dios, sino que ellos mismos crearon su propia y única forma y su propia y única manera de servirlo» (citado por T. Dreyfus, *Martin Buber*).

Sus enseñanzas contaron enseguida con numerosos discípulos, entre los que se encontraban Rabí Baer de Meseritz y Rabí Mendel de Vítebsk, quien se estableció en Palestina con trescientos *hassidim* a finales del siglo XVIII. Uno de sus seguidrores, Rabí Nachman de Braslav, difundió a través de sus parábolas y cuentos la doctrina de su maestro por todo el Oriente Próximo.

A pesar de contar con grandes personalidades, el hasidismo no ha propuesto doctrinas ni ideas religiosas nuevas sino que prolonga el cabalismo más ortodoxo. Sin embargo, esta nueva corriente no pretende formar elites, sino fieles. La Torá se ha convertido en una fuente de relatos, no en un objeto de estudio. Los cuatro mundos de la cábala reflejan las fases de la vida interior de los hombres antes que la comunión con Dios. Los maestros de la Ley, los cabalistas, dejaron paso a un nuevo tipo de mentor: el justo, el *tsaddik*, único portador de la esperanza mesiánica y al mismo tiempo jefe temporal de la comunidad. Quizá sea esta la institución más característica del hasidismo: el *tsaddik* es el intermediario entre la comunidad, las autoridades y Dios. Su poder religioso es ilimitado, ya que es capaz de estar sólo con Dios y redimir el mal. «Ya no es el conocimiento sino su vida la que aporta un valor religioso a su personalidad» (G. Scholem). La comunidad se agrupaba a su alrededor y confiaba plenamente en él, pues lo consideraba «la encarnación viva de la Torá», «el asistente espiritual que enseña el sentido del mundo y guía hacia las chispas divinas» (M. Buber, *Mein Weg zum Chassidismus*).

Con el hasidismo se abandona el camino del ascetismo y se presta mayor atención a las exigencias de la vida cotidiana, a las que se considera también una fuente de regocijo en Dios. Si las chispas divinas se hallan en cualquier parte, la creación no puede ser totalmente mala. El creyente debe adoptar una actitud más abierta con cuanto le rodea: el altruismo, la caridad, la honestidad, la franqueza y la alegría son cualidades que debe desarrollar. No todas las comunidades aceptaron, sin embargo, esta invitación a la efusividad. Los judíos lituanos, por ejemplo, fieles a la tradición rabínica clásica, desaprobaron estas innovaciones y prefirieron continuar con el estudio minucioso de la Torá.

Las críticas no tardaron en aparecer. El fervor que muchos fieles sentían por sus *tsaddikim* hizo que la institución entrase en decadencia. La carga de *tsaddik* se convirtió en hereditaria, los *tsaddikim* descuidaron el estudio en favor del poder y acabaron por promover el oscurantismo para salvaguardar su autoridad. Al lado de un verdadero jefe espiritual como Rabí Mendel de Kotzk, que supo establecer una estrecha relación con su comunidad, encontramos también un Rabí Israel de Sadagora que se comportó como un tirano.

La emancipación de los judíos en Europa occidental y el progreso del racionalismo en el pensamiento judío ilustrado —gracias a la labor del filósofo Moisés Mendelssohn (1729-1786)— ayudaron a que las comunidades europeas tuviesen un mayor peso en el mundo intelectual judaico, cada vez más alejado de la cábala. «Si un hombre es ignorante de las ciencias profanas, será cien veces más ignorante de la Torá, puesto que la Torá y la ciencia van al mismo paso» (Élijah Ban Salomon, *gaon*[18] de Vilna, 1720-1797).

---

18. «Gaon» era el título de los presidentes de las academias babilonias del siglo VI al XI de nuestra era. Más adelante, este título se otorgó a un sabio de conocimientos excepcionales.

La presencia
de la cábala

El siglo XIX estuvo a punto de acabar con el judaísmo: las ciencias profanas, en lugar de profundizar la fe de los judíos, los alejó de la tradición. El judaísmo que había sido durante siglos el alma de una nación desperdigada se estaba convirtiendo en una religión como tantas otras. Las comunidades hebreas deseaban la plena integración en las sociedades que las habían acogido. La cábala y sus practicantes apenas existían y los pocos que la seguían eran desacreditados. Sus principios se consideraban supersticiones trasnochadas. Sólo en algunas regiones de Europa del Este el hasidismo se mantenía con vigor en las comunidades de Ucrania y Polonia, no sin el menosprecio de los sectores más occidentalizados, que las consideraban como una pervivencia de un pasado que sólo podían aceptar en términos folklóricos.

Fue precisamente a estas poblaciones de Europa oriental, fieles a la fe de sus antepasados pero, sin embargo, atraídas por las nuevas corrientes socialistas, a las que se dirigió Moses Hess (1812-1875), uno de los primeros seguidores del marxismo. Deseoso de utilizar «la energía propulsiva del hasidismo» para «regenerar la nación judía [manteniendo] viva la esperanza de una resurrección», estaba convencido del destino mesiánico de los judíos. Creía que gracias a ellos se obtendría la paz eterna, la cooperación de todos los pueblos en un mismo ideal de justicia, el «sabbat histórico» de la humanidad. Y este deseo sólo podía cumplirse sobre la tierra de sus antepasados, en Palestina.

Moses Hess fue escuchado.

Sus palabras se adecuaban a las reivindicaciones de los movimientos nacionalistas que sacudieron Europa durante la segunda mitad del siglo XIX. Recibió el apoyo de las autoridades religiosas y de los movimientos socialistas europeos. Atrajo a un gran número de jóvenes judíos de Europa central y Rusia —que veían en sus ideas la posibilidad de aunar sus tradiciones religiosas con su idealismo utópico— así como de todos los *hassidim* para los que el retorno a Palestina significaba la Redención y la llegada del Mesías. Desde el año 1878, una primera colonia judía se estableció en Palestina, en Petah Tikwah, y el hebreo comenzó a hablarse de nuevo. El sionismo era la respuesta a las esperanzas de muchos judíos de Europa del Este.

Gracias a este movimiento, la cultura judía se abrió a la modernidad: la filosofía, la historia, la teoría política y la teología cobraron una fuerza inusitada.

La cábala, por su parte, presentaba muchas respuestas a los retos que ofrecía la nueva manera de ver el mundo.

La «redención» de la cábala

Si la cábala y el espíritu de la cábala son siempre actuales y son incluso uno de los motores más dinámicos del pensamiento judío contemporáneo, es gracias a algunos hombres, todos ellos procedentes del hasidismo.

Entre ellos citaremos tres que son los responsables de este nuevo interés por una disciplina tan antigua.

Nos referimos a Abraham Isaac Kook (1865-1935), Martin Buber (1878-1965) y Gershom Scholem (1897-1982).

Abraham Isaac Kook

Nació en Lituania a mediados del siglo XIX. Realizó sus estudios en la gran escuela religiosa (*yeshiva*) de Volozin, en la que el estricto rabinismo moderaba lo que el espíritu hasídico podía tener de barroco. Fue a Palestina en el año 1904 y se preocupó desde ese momento de la adaptación de la Halachah a las nuevas condiciones de la vida judía. El estallido de la primera guerra lo sorprendió en Europa y no pudo volver a Palestina hasta 1919. Poco tiempo después, fue nombrado gran rabino de Jerusalén, donde fundó una *yeshiva* y participó activamente en la vida del nuevo hogar judío. «¡Sí! El inicio de la redención se nos anuncia. Sin embargo, su inicio se remonta más atrás en el tiempo, se prepara desde que las montañas de Israel producen ramas y frutos para el pueblo judío»[19].

Toda su vida trabajó para la construcción de un hogar judío en Palestina. Se preocupó tanto de los religiosos como de los laicos, puesto que todos «colocan las piedras que edificarán el

19. Todas las citas referentes a Rabí Isaac Kook se extraen del libro de J. Ben Chlomo, *Introducción al pensamiento de Rav Kook*.

país de Israel» cuyo resultado es más mesiánico que político. «Ha llegado el momento del despertar. El renacimiento nacional nos anuncia la curación de la enfermedad y autoriza a la nación a tratar los temas materiales. La tendencia que separaba el espíritu de la materia tiene que terminar pronto, ya que es la fuente de la impaciencia de la aproximación del Mesías».

Rabí Ben Kook fue un hombre de acción y un erudito, un místico bajo cuya pluma vuelven de forma constante los símbolos cabalísticos: la Nada que el alma «vive» cuando se encuentra con Dios, los *sefirot* que representan objetivos realizables en el mundo y gracias a los cuales cada uno puede descubrir a Dios si lo busca realmente —si se deja penetrar por la «luz del mundo»—, la luz del Infinito En Sof, una luz que corresponde a la primera *sefira*, Kether… Rabí Ben Kook concilió la noción de progreso humano con la cábala. Su pensamiento utópico postula la mejora de la humanidad en pos de la perfección, entendida en términos morales y materiales, no divinos. Este perfeccionamiento se hace posible a través de la *teshuva*, el arrepentimiento —es decir, la vuelta a la luz divina—. «En su esencia, el arrepentimiento es un movimiento de retorno hacia el origen, hacia la fuente de vida y de la existencia superior en su plenitud, sin límites y sin restricciones, en su carácter más noble, bendito por el brillo simple y resplandeciente del esplendor superior». Este perfeccionamiento es una posibilidad ofrecida por Dios «para que la realidad no sea sólo perfecta sino que esté en vías de perfección, para que se eleve y tenga un deseo constante de aumentar la bendición». Rav Kook coincide con Isaac Luria en que la creación del mundo es un acto espontáneo y voluntario de Dios: «Todo lo que existe es tributario de la perseverancia de esta voluntad y nada existe por lo tanto por necesidad»; su obra *Orot Ha Quodech (Luces de santidad)* es una glorificación de la luz de Dios, «milagro absoluto, libertad superior», que Isaac Luria simbolizaba con el rayo de luz que volvía de nuevo al espacio dejado por Dios después del *zimzún*.

Martin Buber

Martin Buber, nacido en Viena, vivió buena parte de su infancia y adolescencia en Lemberg, en Ucrania. Criado por sus abuelos, creció en un ambiente muy tradicionalista. A pesar de su formación hasídica, continuó sus estudios en un ámbito cristiano y cursó filosofía e historia del arte en Viena, Leipzig, Berlín y Zurich, donde frecuentó con asiduidad los teatros, las salas de concierto y los círculos sionistas. En 1899 participó activamente en el tercer congreso de la Organización sionista de Bâle y en 1901 se convirtió en el redactor en jefe de su periódico, *Die Welt*. El retorno a Israel era, a su juicio, una necesidad espiritual antes que nacional. En cierto modo, era la única manera de desarrollar todos los anhelos del pueblo judío. «El sionismo sobrepasa el sentido general de estos movimientos [nacionalistas] que quieren resolver los problemas nacionales. Tiene un porte humano, cósmico y se refiere al ser en sí mismo. Aunque el pueblo de Israel parece un pueblo como los demás y la tierra de Israel una tierra como las demás, su relación recíproca y su papel común hacen de ellas unas realidades aparte. Se trata de un secreto y así permanecerá»[20].

Al mismo tiempo, Buber descubría de nuevo el hasidismo en el que veía «un único reino, una única espiritualidad, una única realidad» puesto que «la responsabilidad de cada hombre se ejerce en una esfera infinita: se trata de la responsabilidad ante el Infinito [...], cada

20. Citado por J. Ben Chlomo, *op. cit*.

hombre determina la suerte del mundo a través de su ser y de su forma de ser»[21].

Si Rabí Ben Kook era cabalista por su propia formación, Martin Buber llegó a serlo a través de la filosofía y de una larga reflexión sobre la historia. «En cada generación, la Biblia emerge y reclama que se la reconozca como el documento que refleja fielmente la historia del mundo, como el documento que describe el origen del mundo y define el resultado final». ¿Qué papel desempeñaba la figura del Mesías en la historia? ¿Era el inicio o el final del pueblo judío? La respuesta que aportó, «la época mesiánica es cumplimiento, fin de la creación convertida en Reino de Dios», procedía directamente de la tradición judía del hasidismo, que aspiraba «a establecer un contacto vivo con el absoluto y su voluntad de expresar concretamente este contacto a través de actos». De este modo, se actualizaba el diálogo perpetuo entre Dios y su creación, del encuentro con la otredad que conducirá a la comunión con la esencia divina.

El pensamiento de Martin Buber tuvo una gran importancia en la nueva sociedad israelí,

21. Las citas de Martin Buber se han extraído del libro de T. Dreyfus, *Martin Buber*.

ya que aportó una dimensión cabalística a la experiencia de los *kibutz*. La imagen del árbol, aparecida en el *Sefer Ha Bahir*, aumentó la relevancia de este sistema de organización y producción agrícolas. «En ninguna parte en la historia de la colonia cooperativa se ha producido este incansable sondeo bajo forma de vida comunitaria correspondiente a grupos de hombres determinados, esta forma renovada de probar, de ponerse al trabajo, de convertirse en crítico y de intentar de nuevo este crecimiento de las ramas siempre nuevas a partir de un mismo tronco».

Gershom Scholem

A lo largo de este estudio hemos encontrado varias veces a Gershom Scholem. Nacido en Berlín en el seno de una familia asimilada, abrazó en su juventud el sionismo. Mientras cursaba estudios universitarios de historia y filosofía, conoció a diversos emigrados de Europa del Este, Bialik y Agnon entre otros, que lo pusieron en contacto con el hasidismo y las diversas corrientes de la mística judía. En 1923 defendió una tesis sobre el *Sefer Ha Bahir*. Algún tiempo más tarde emigró a Palestina, donde se dedicó al estudio y la enseñanza de la historia de la cábala. «Tenía el sentimiento de que había en la cábala un centro vivo; había traducido el espíritu de cada época y podía todavía —quizá— decir algo bajo otra forma, en otra época».

«Lo que hace que la cábala sea interesante es su poder de transformación de las cosas en símbolos. Y los símbolos no son subjetivos. Son la proyección objetiva de la interioridad judía correspondiente a una exterioridad judía miserable, grotesca, extraña» (G. Scholem, *Fidelidad y Utopía*).

El gran mérito de Scholem fue dotar los estudios sobre la cábala de un sólido método científico y desembarazarla de cuantas supercherías habían surgido a lo largo del tiempo, provocadas por una falta de rigor y atención en los textos. Gracias a su incansable trabajo —publicación y estudio comparado de un gran número de obras cabalísticas—, la cábala ha encontrado su lugar en el mundo contemporáneo: vigilar para que el mundo no se reduzca «a un vacío desprovisto de sentido, privado de toda luz, de todo brillo» (G. Scholem) y reconciliar «realidades coexistentes y sus eternas antinomias. Lo finito y lo infinito, el bien y el mal, lo masculino y lo femenino se fundirán al final de los tiempos en la realidad sin fisura del Ser absoluto. Entonces Israel habrá comunicado su fuerza a las naciones, en lugar de agotarse en ellas. Entonces la estancia de la Schekina sería definitivamente pacificada y su unión con Dios no será trastornada por el pecado de los hombres» (É. Amado Lévy-Valensi, *La Raíz y la fuente*).

La cábala en la actualidad

La cábala no es un juego matemático que permite calcular el valor numérico de las letras y de las palabras y combinarlas de las maneras más caprichosas. No es un ejercicio literario en el que se trata de jugar con las palabras ni tampoco es una curiosidad histórica. Y todavía menos es un método de magia cualquiera. Es más bien una forma de pensar nuestra época y de intentar comprenderla a la luz de la tradición, es renovar el sentido de la Torá, de un versículo, para que tengan significado para nosotros, hombres y mujeres de este fin del siglo XX. Pero esta renovación sólo es válida si se incardina en el sentido de la tradición. El versículo 19 del libro 19 del Levítico que dice «No emparejarás entre tu ganado a dos animales de especie distinta, no sembrarás en tus campos dos especies distintas de granos, no llevarás sobre ti un vestido con dos tipos de tejido distinto» es de una gran actualidad. «Tales manipulaciones pueden alcanzar [al hombre] en su ser más profundo [...] cuando desembocan en experiencias enloquecedoras, en ensayos prácticos sobre los seres humanos. Se trata de consecuencias que los maestros de la cábala han previsto y han temido» (A. Safran, *La Sabiduría de la cábala*). Así pues, la noción de Infinito, de En Sof, surge de nuevo en la teoría de la relatividad de Einstein o en el principio de incertidumbre de Heisenberg, como si el hombre de ciencia actual descubriera de nuevo el sentido del misterio, como si obrara en lo trascendente.

La cábala es siempre esa fuente de sabiduría que intenta desvelar el sentido más profundo de la Torá, que intenta mantenerla viva, que vigila para que no la encierren en una ortodoxia petrificante. Pero es la herencia sólo de algunos, puesto que «no debemos leer los textos para convertirnos en sabios sino ser sabios para leer los textos»[22]. Sus enseñanzas se han convertido para los judíos, filósofos y hebraizantes

22. León Askénazi, citado por A. Abécassis en *Pardès*, n.º 23, 1997.

más exigentes que desean vivir la Torá en su plenitud, en un método de reflexión indispensable, puesto que ayuda al hombre a perfeccionar su visión del mundo y le confiere la posibilidad de adquirir una libertad de pensamiento y acción que, al igual que en el Éxodo, permitirá liberarse de la esclavitud de las palabras, de la esclavitud de los lazos de unión sociales, de mirar hacia Arriba, de salir de Egipto, de Mizraïm[23]: «Cuando más grande es la libertad, más alta es la santidad, y más elevada la vida» (Rabí Ben Kook).

«La cábala [...] no es una explicación del mundo del hombre o de los textos. Intenta pensar y poner en práctica un más allá del principio de identidad» (M.-A. Ouaknin, *Concierto... op. cit.*). Permite a cada época iluminar, llevar una nueva luz sobre estas dos cuestiones eternas y esenciales: *¿Mi?* (¿Quién?), *¿Mâ?* (¿Qué?)».

---

23. El nombre hebreo de Egipto, *Mizraïm*, significa «estrecho, limitado». Al igual que los hebreos en Egipto, el alma es esclava, está en Mizraïm. Al igual que los hebreos que salieron de Egipto, el cabalista intenta liberarse.

Bibliografía

AMADO LÉVY-VALENSI, É., *La Racine et la source*, Éditions Zikatone, 1968.

ASKÉNAZI, L., «Le cercle et la droite, transcendance et immanence», *Pardès*, n.º 23, 1997.

BEN CHLOMO, J., *Introduction à la pensée de Rav Kook*, traducido del hebreo al francés por Catherine Chalier, Éditions du Cerf, 1992.

CASARIL, G., *Rabbi Siméon Bar Yochaï et la cabbale*, Seuil, 1961.

CHOURAQUI, A., *La Pensée juive*, 7.ª ed., PUF, 1997.

COHEN, A., *Le Talmud: exposé synthétique du Talmud et de l'enseignement des rabbins sur l'é-*

thique, la religion, les coutumes et la jurisprudence, Payot, 1983.

Dictionnaire encyclopédique du judaïsme, Éditions du Cerf, 1993.

DREYFUS, T., *Martin Buber*, Éditions du Cerf, 1981.

Encyclopaedia judaica, Jérusalem.

EPSTEIN, I., *Le Judaïsme. Origines et histoire*, traducido del inglés al francés por I. Jospin, Payot, 1980.

GOETSCHEL, R., *La Kabbale*, 4.ª ed., PUF, 1995.

GROSS, B., *Les Lumières du retour*, «*Orot hateshuva*» *du Rav Kook*, Albin Michel, 1998.

NEHER, A., *Moïse et la vocation juive*, Seuil, 1956.

OUAKNIN, M.-A., *Concerto pour quatre consonnes sans voyelle*, Balland, 1991.

— , BOTERO, J. y MOINGT, T., *La Plus Belle Histoire de Dieu*, Seuil, 1977.

SAFRAN, A., *La Cabbale*, Payot, 1979; *La Sagesse de la kabbale*, tomo I, Stock, 1986.

SCHOLEM, G., *La Kabbale et sa symbolique*, Payot, 1966.
— *Les Origines de la kabbale*, Aubier-Montaigne, 1966.
— *Les Grands Courants de la mystique juive*, Payot, 1977.
— *Fidélité et Utopie. Essai sur le judaïsme contemporain*, traducción de M. Delmotte y B. Dupuy, Calmann-Lévy, 1978.

SÉROUYA, H., *La Kabbale*, PUF, 1964.

Z'EV BEN SHIMON, Halevi, *La Cabbale. Tradition de connaissance cachée*, traducido del inglés por G. Casaril, Seuil, 1980.

Índice analítico